新华通讯社体育新闻编辑部 编

当你为梦想
拼尽全力

2022我们的冬奥故事

新 华 出 版 社

图书在版编目（CIP）数据

当你为梦想拼尽全力：2022 我们的冬奥故事 / 新华通讯社
体育新闻编辑部编 . -- 北京 ： 新华出版社，2022.3
　　ISBN 978-7-5166-6213-7

　　Ⅰ．①当… Ⅱ．①新… Ⅲ．①冬季奥运会－北京－
2022－文集 Ⅳ．① G811.212-53

　　中国版本图书馆 CIP 数据核字（2022）第 040393 号

当你为梦想拼尽全力：2022 我们的冬奥故事

编　　者：新华通讯社体育新闻编辑部

出 版 人：匡乐成　　　　　　　　　　　选题策划：许　新
责任编辑：沈文娟　祝玉婷　丁　勇　　　特约编辑：林德韧
营销编辑：王依然　　　　　　　　　　　封面设计：今亮後聲 HOPESOUND 2580590616@qq.com · 赵晓冉

出版发行：新华出版社
地　　址：北京石景山区京原路 8 号　　　邮　　编：100040
网　　址：http://www.xinhuapub.com
经　　销：新华书店
　　　　　新华出版社天猫旗舰店、京东旗舰店及各大网店
购书热线：010-63077122　　　　　　　中国新闻书店购书热线：010-63072012

照　　排：今亮後聲 HOPESOUND 2580590616@qq.com
印　　刷：河北鑫兆源印刷有限公司

成品尺寸：170mm×240mm　1/16
印　　张：22　　　　　　　　　　　　　字　　数：315 千字
版　　次：2022 年 5 月第一版　　　　　印　　次：2022 年 5 月第一次印刷

书　　号：ISBN 978-7-5166-6213-7
定　　价：88.00 元

目录 contents

冬奥盛会
瞬间
001-039

赛场内，永不言弃的拼搏瞬间；
赛场外，无关胜负的感动瞬间。
新华社精彩照片带你铭记这个难忘的春天。

冬奥健将

秘诀就是专注和热爱

战胜自己 终达高峰

永不言弃

团队的力量

一个人的冬奥之旅

唯有热爱可抵岁月漫长

冬奥盛会
幕后英雄

后记
328-342

moments

冬奥盛会·瞬间

多年以后，
回忆起北京冬奥会和冬残奥会，你会想起哪些瞬间？
赛场内，永不言弃的拼搏瞬间；
赛场外，无关胜负的感动瞬间。
更快、更高、更强——更团结！
我们精选了这些照片，带你铭记这个难忘的春天！

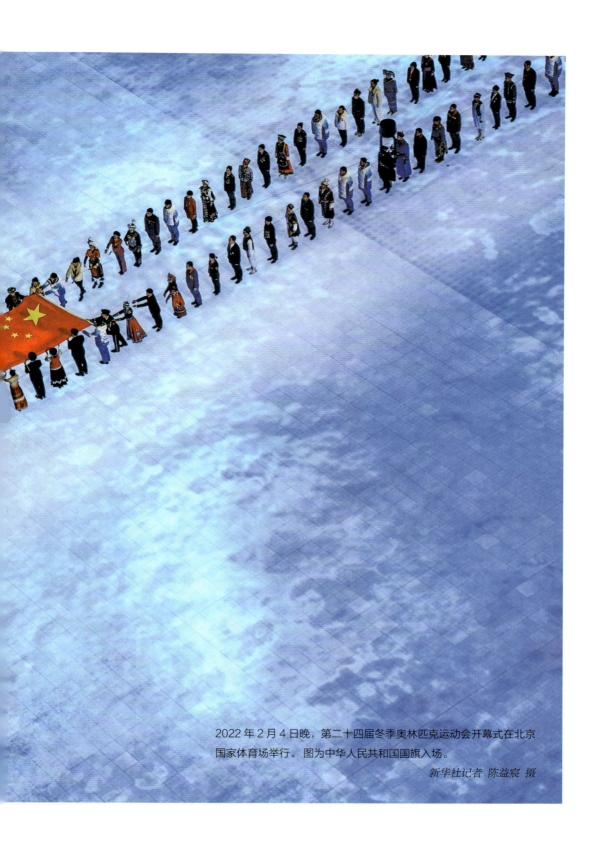

2022 年 2 月 4 日晚，第二十四届冬季奥林匹克运动会开幕式在北京
国家体育场举行。图为中华人民共和国国旗入场。

新华社记者 陈益宸 摄

2022 年 2 月 4 日晚，第二十四届冬季奥林匹克运动会开幕式在北京国家体育场举行。图为中国代表团在开幕式上入场。

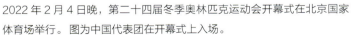

新华社记者 杨磊 摄

2022 年 2 月 4 日晚，第二十四届冬季奥林匹克运动会开幕式在北京国家体育场举行。图为火炬手杨扬在开幕式上传递火炬。

新华社记者 曹灿 摄

2022 年 2 月 5 日，北京 2022 年冬奥会越野滑雪女子双追逐（7.5 公里传统技术 ＋7.5 公里自由技术）比赛在国家越野滑雪中心举行，该项目产生了北京冬奥会首金。图为选手们在比赛中，挪威选手 Therese Johaug（前排右二）最终获得冠军。

新华社记者 张宏祥 摄

2022 年 2 月 5 日，北京 2022 年冬奥会冰壶混双循环赛比赛继续在北京国家游泳中心"冰立方"举行，中国队以 5 比 7 负于美国队。图为中国队选手范苏圆（左二）、凌智（左三）与美国队选手克里斯托弗·普利斯（左一）、维姬·佩辛格在赛后合影。

新华社记者 王婧嫱 摄

2022 年 2 月 5 日，格鲁吉亚选手萨巴·库马里塔什威利在比赛中。在 2010 年那起令整个温哥华冬奥会陷入悲伤的事故 12 年后，格鲁吉亚库马里塔什威利家族的另一位雪橇运动员萨巴·库马里塔什威利再次站在冬奥会的舞台上，在北京延续他堂哥诺达尔·库马里塔什威利未竟的梦想。

新华社记者 孙非 摄

2022 年 2 月 6 日，在五棵松体育中心举行的北京 2022 年冬奥会女子冰球小组赛中，中国队迎战日本队。图为中国队守门员周嘉鹰（左）在比赛中防守。

新华社记者 孟永民 摄

2022 年 2 月 7 日，北京 2022 年冬奥会短道速滑项目男子 1000 米决赛在首都体育馆举行，
李文龙获得该项目银牌。图为中国选手李文龙（中）在比赛后。

新华社记者 李尕 摄

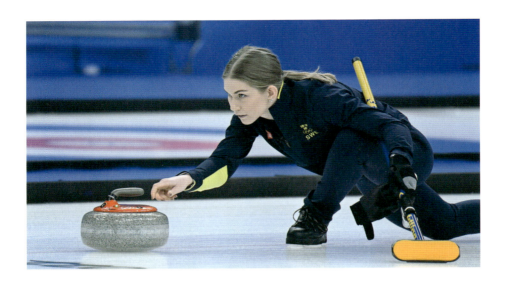

2022 年 2 月 8 日，在北京国家游泳中心"冰立方"举行的北京 2022 年冬奥会冰壶混双铜牌赛比赛中，瑞典队以 9 比 3 战胜英国队获得铜牌。图为瑞典队选手阿尔米达·德瓦尔在比赛中。25 岁的阿尔米达·德瓦尔是瑞典公司的员工，一月初请假备战冬奥，并获冰壶混双第三名。

新华社记者 黄孝邦 摄

2022 年 2 月 10 日，日本选手羽生结弦在北京 2022 年冬奥会花样滑冰男子单人滑自由滑比赛中。

新华社记者 程婷婷 摄

2022 年 2 月 10 日，北京 2022 年冬奥会自由式滑雪空中技巧混合团体决赛在张家口赛区举行，中国队获得亚军。图为中国队选手赛后拥抱。

新华社记者 吴壮 摄

2022 年 2 月 11 日，美国选手肖恩·怀特在比赛后。美国传奇选手肖恩·怀特，本有希望
冲击个人奥运第四金，但可惜最终无缘奖牌。这也是他本届冬奥会的谢幕演出，传奇英雄，
遗憾退场，但观众仍对他报以热烈掌声。

新华社记者 吴壮 摄

2022 年 2 月 11 日，北京冬奥会冬季两项女子 7.5 公里短距离比赛在国家冬季两项中心举行。
图为俄罗斯奥委会选手伊琳娜·卡扎克维奇抵达终点伏地休息。

新华社记者 江宏景 摄

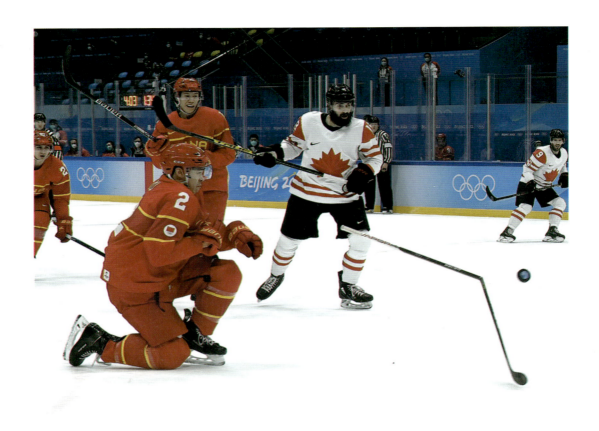

2022 年 2 月 13 日，在国家体育馆举行的北京 2022 年冬奥会男子冰球小组赛中，中国队以 0 比 5 不敌加拿大队。 图为中国队球员刘杰（前）的球杆在比赛中折断。

新华社记者 刘潇 摄

2022 年 2 月 13 日，北京 2022 年冬奥会冬季两项男子 12.5 公里追逐比赛在国家冬季两项中心举行。图为美国选手杰克·布朗（左一）在比赛中射击。

新华社记者 詹彦 摄

2022 年 2 月 14 日，北京 2022 年冬奥会跳台滑雪男子团体比赛在国家跳台滑雪中心举行。图为奥地利队选手斯特凡·克拉夫特在比赛中。

新华社记者 姜克红 摄

2022 年 2 月 15 日，北京 2022 年冬奥会单板滑雪女子大跳台决赛在北京
首钢滑雪大跳台举行。图为中国选手荣格（左）和日本选手岩渊丽乐在比
赛后拥抱。

新华社记者 李尕 摄

2022 年 2 月 15 日，在国家体育馆举行的北京 2022 年冬奥会男子冰球晋级资格赛中，斯洛伐克队以 4 比 0 战胜德国队。图为志愿者在比赛间隙清理冰面。

新华社记者 李安 摄

2022 年 2 月 16 日，北京 2022 年冬奥会高山滑雪男子回转项目比赛在延庆国家高山滑雪中心举行，吉祥物"冰墩墩"在现场和观众互动。

新华社记者 连振 摄

2022 年 2 月 19 日，北京 2022 年冬奥会速度滑冰女
子集体出发决赛在国家速滑馆"冰丝带"举行。图为
参赛选手在决赛中。

新华社记者 丁旭 摄

2022 年 2 月 17 日，北京 2022 年冬奥会高山滑雪女子全能比赛在延庆国家高山滑雪中心举行。图为中国选手孔凡影在滑降比赛中。这次冬奥会，孔凡影参加了高山滑雪全部五个小项：滑降、回转、大回转、超级大回转、全能，此外，她还参加混合团体项目，是本届冬奥会中国队参赛项目最多的运动员之一。

新华社记者 张晨霖 摄

2022 年 2 月 20 日晚，北京第二十四届冬季奥林匹克运动会闭幕式在国家体育场举行。图为闭幕式现场。

新华社记者 兰红光 摄

2022 年 2 月 20 日晚，在北京第二十四届冬季奥林匹克运动会闭幕式上拍摄的焰火表演。

新华社记者 姜克红 摄

2022 年 3 月 4 日，最后一棒火炬手李端在北京 2022 年冬残奥会开幕式上摸索火炬嵌入的位置。点火完成后李端说："盲人点火，肯定会有困难，但只要你坚持不懈，把困难挺过去，没有咱中国人，包括咱中国自强不息的残疾人做不成的事！"

新华社记者 李尕 摄

2022 年 3 月 4 日，"雪容融"伴随中国代表团在北京 2022 年冬残奥会开幕式上入场。

新华社记者 邬惠我 摄

北京 2022 年冬残奥会残奥冬季两项女子中距离（视障）比赛中，中国选手王跃获得季军。她曾说："我想让全世界都知道，在中国，有一个喜欢滑雪的女孩。虽然看不见，但她渴望一个舞台。"图为 2022 年 3 月 9 日，中国选手王跃（右）与引导员李亚林在比赛中。

新华社记者 王曦 摄

2022 年 3 月 10 日，瑞士队选手帕特里克·德拉克勒塔（中）在轮椅冰壶
循环赛中协助队友劳伦特·克诺比尔（右）稳定轮椅。

新华社记者 杜潇逸 摄

2022 年 3 月 13 日，在国家体育馆举行的北京 2022 冬残奥会残奥冰球金牌赛中，美国队以 5 比 0 战胜加拿大队，夺得冠军。图为美国队球员德克兰·法默（中）在比赛中拼抢。

ATHLETICS

冬奥健将

秘诀就是专注和热爱

胸怀大志，
不负韶华
——武大靖

就算在中途遇到困难、挫折，只要目标够坚定，只要有足够
强大的内心，最后的结果也会是好的。

——武大靖

北京冬奥会、冬残奥会总结表彰大会 2022 年 4 月 8 日在
京举行。冬奥冠军武大靖身着冬奥"冠军龙服"、佩戴大红
花，作为"北京冬奥会、冬残奥会突出贡献个人"称号获得
者代表上台领奖。

"其实作为运动员，能够尽情地在祖国给我们搭建的这么好
的舞台上，实现自己的梦想，也能够在赛场上传递给更多人
奥林匹克精神、体育精神，我觉得我们是很幸运的，赶上了
好时代。"武大靖说。

2022 年 2 月 5 日，在北京首都体育馆，中国队选手武大靖在北京 2022 年冬奥会短道速滑项目混合团体接力决赛后庆祝夺冠。

新华社记者 杨磊 摄

不甘放弃，坚守不易

四年前，在平昌冬奥会上，中国代表团摘得的唯一一金，是武大靖的短道速滑男子 500 米金牌。一马当先风驰电掣，挥拳怒声震天吼，何等潇洒豪壮。

然而在北京冬奥会备赛期间，三战冬奥的武大靖却遭遇重重考验。年龄、伤病等如汩汩暗流，让他的竞技状态时起时落；每次起落也犹如刻刀，在他这四年里凿下无数难忘的印记。

"有的时候回想起来，这四年简直经历了太多波折了。"武大靖感慨说。

当腰伤复发时，武大靖只能趴着吃饭、睡觉，站不起来。作为队伍的一员，每天在群里看到队友的训练视频时，他都特别特别想哭。平复心情、配合康复……在扑面而来的困难里，武大靖选择咬牙坚持，一步步迎难向前。

在最艰难的一段时光里，他甚至一度怀疑自己能否参加北京冬奥会，更不敢想象自己还能拿冠军，或者向世界展现出一场最精彩的比赛。

因此，当中国短道速滑混合团体接力队在北京冬奥会上率先撞线后，武大靖哽咽了，泪水难以自抑夺眶而出——"解气"！四年坚守，终于一朝圆梦。

能放弃的理由太多，但是坚持的理由很简单，那就是"热爱"和"不甘"。短道速滑是他的青春回忆，也是他的热爱所在。这里，有回忆，有梦想，更有团队在。

2022 年 2 月 5 日，中国队选手武大靖（下）在北京 2022 年冬奥会短道速滑项目混合团体接力决赛中。

新华社记者 李一博 摄

功成有我，使命在肩

作为北京冬奥会中国短道速滑队领军人物，武大靖在男子 500 米、男子 1000 米、男子 5000 米接力、混合团体接力等项目多线作战。队友孙龙在比赛中摔倒，中国队从第三位落到第五位，最终名列男子 5000 米接力第五。赛后，孙龙很自责，面对电视镜头说是他个人出现了失误，然后哭了出来。

武大靖接受采访时表示，他能感觉到孙龙第一次参加奥运会压力挺大，队友们并没有责怪他。"我觉得更多的是给他一些空间，给他一些鼓励，（这样）他今后的路可能会更好。"

尽管未能如愿获得个人项目金牌，但武大靖说："作为中国的运动员，我们希望为国争光。其实只要是中国队拿冠军，我们都高兴，我们也是见证者、参与者。"

北京冬奥会、冬残奥会是在我国全面建成小康社会、实现第一个百年奋斗目标、向第二个百年奋斗目标迈进的关键时期举办的重大标志性活动，具有里程碑意义。武大靖表示，自己赶上了好时代，能够有机会在家门口实现梦想。

"在赛场上发挥出自己的最好竞技状态，全力以赴地准备每一场比赛，给观众朋友们展现出最好的一面、为国争光，这就是我们运动员的任务。"

冬奥梦圆，不负韶华

回顾往昔，武大靖最大的感触就是：选择很重要、目标很重要。

"就算在中途遇到困难、挫折，只要目标够坚定，只要有足够强大的内心，最后的结果也会是好的。"

关于未来，武大靖说希望能有更多人参与冰雪运动，也希望以后有更多时间和机会推广冰雪运动。

"无论做哪一行，其实我都离不开这个行业，都走不了太远，因为这就是我的生命，我所有童年的回忆都在这块冰场上。"

当然，现在他还是一名运动员，所以仍然在按照自己的节奏，为 2026 年冬奥周期做准备。

"只要祖国需要，我还会继续在赛场上，全力以赴地去拼每一场比赛。"

（新华社北京 2022 年 4 月 8 日电

执笔记者：卢羽晨、张寒、姬烨，

参与记者：王璐、李欣莹、黄爱萍、高鹏、杨依军、沈楠，

原标题:《胸怀大志，不负韶华——记北京冬奥会、冬残奥会突出贡献个人称号获得者武大靖》）

"除了天赋，还有热爱"
——谷爱凌

我只有不到 1% 的天赋，天分在我的职业生涯中只占很小的一部分，甚至可以忽略不计。它帮到我的也许只是起初练滑雪时我比别人学得快一点。

——谷爱凌

冬奥会历史上最年轻的自由式滑雪金牌得主之一；中国女子雪上项目第一个冬奥会冠军……谷爱凌梦圆北京冬奥会，闪耀首钢滑雪大跳台。新华社记者第一时间专访了谷爱凌的家人和朋友，从她训练、学习和生活的点滴片段中展示一个"天才少女"的成长之路。

"我要代表中国参加北京冬奥会"

2015 年 7 月 31 日，北京携手张家口获得 2022 年冬奥会举办权。正值暑假的谷爱凌回到北京，加入了当天欢庆的人群。

2022年2月18日，北京2022年冬奥会自由式滑雪女子U型场地技巧决赛在张家口云顶滑雪公园举行。中国队选手谷爱凌夺得此项目金牌。图为中国队选手谷爱凌在颁发纪念品仪式上。

新华社记者 许畅 摄

2022 年 2 月 18 日，北京 2022 年冬奥会自由式滑雪女子 U 型场地技巧
奖牌颁发仪式在张家口赛区颁奖广场举行。图为冠军中国队选手谷爱凌在
奖牌颁发仪式后展示获得的奖牌。

新华社记者 薛玉斌 摄

北京市冬季运动管理中心副主任李晓鸣回忆，"当天有人问谷爱凌，'以后
想不想参加冬奥会？'11 岁的谷爱凌坚定地表示，她希望能够代表中国
参加北京冬奥会。"

参加奥运会，是每一名运动员的梦想，对于谷爱凌而言，能够参加在家乡
举办的冬奥会更是一件令人热血沸腾的事情。2019 年 6 月 6 日，谷爱凌
通过个人社交媒体宣布"中国自由式滑雪运动员谷爱凌报到"。

谷爱凌经常被人们称为"北京姑娘"，在赛后的新闻发布会回答记者提问
时，谷爱凌在中英文之间自由切换。一口地道的北京话让在场的中国记
者感到格外亲切和自豪。

"现在是过年期间，最近饺子吃得挺多的，北京烤鸭还没吃到。"谷爱凌在

谷爱凌在比赛现场吃馅饼。

新华社发

新闻发布会现场风趣地说,"说着说着,我都饿了。"

对于北京的最初记忆,谷爱凌曾在一次采访中表示:"我第一次回到中国时是2岁,此后每年夏天都要回北京,我对中国的感情很深。现在还记得住在我们那个楼里3层和7层的朋友,每一年暑假都要和他们一起去楼下玩游戏。"

将来,她定然是前途无量的"大神"

谷爱凌3岁的时候第一次接触滑雪,这得益于她有一个爱滑雪的母亲。

"很快,爱凌的速度就已经追上并且超过我,而且她不减速,特别享受速

2022 年 2 月 7 日，北京 2022 年冬奥会自由式滑雪女子大跳台资格赛在北京首钢滑雪大跳台举行。图为中国选手谷爱凌在比赛中。

新华社记者 黄宗治 摄

度的感觉，不像我们成年人，有时候担心危险或者想多滑一会，还会控制一下，但是爱凌一直在加速，一路到底。"妈妈谷燕说。

"8 岁的时候，我加入了一个滑雪队，是里面唯一的女孩，我回家对妈妈说，我想去奥运会！"对于奥运梦想的起点，谷爱凌记忆犹新。母亲此时的回应是——"加油！"

从 2013 年开始连续多年，位于北京密云的南山滑雪场和顺义的一处室内滑雪场成为谷爱凌假期的训练基地。很多"雪友"与谷爱凌一同训练、一起成长，也感受到了这位"天才少女"过人的运动天赋。

2022 年 2 月 15 日，北京 2022 年冬奥会自由式滑雪女子坡面障碍技巧决赛在张家口云顶滑雪公园举行。中国选手谷爱凌获得银牌。图为谷爱凌在比赛中。

新华社记者 吴壮 摄

作为国内最早一批接触自由式滑雪的"雪友"，北京南山滑雪场董事长卢建从谷爱凌身上看到了无穷的潜力。2013 年的暑假，卢建带着谷爱凌接触了索道滑水、SUP 浆板等 4 项水上板类运动，并在室内滑雪场一同切磋自由式滑雪技巧。卢建当时就感慨："平地前空翻、后空翻、侧空翻如跳绳一般轻松，太灵巧了，她将来定然是前途无量的自由式滑雪'大 PRO'（大神）。"

"第一次见到爱凌，她的技术动作还和普通孩子一样，当时能做的最高难度的动作就是 360 度翻转，但是她特别愿意挑战更多高难度动作。"曾与谷爱凌一起训练的兼职滑雪教练崔业成，见证了她从滑雪爱好者向专业运动员的蜕变。"经过此后四五年的专业训练，她的水平真是突飞猛进。"

"谷爱凌的平衡能力特别突出，她学东西特别快，可以迅速明白要领。因为平时她要上课，只有周末可以练一练，学过的动作，隔了一周还能捡起来。"纪录片电影《冰雪烟火》总导演顾筠向记者讲述了她跟拍谷爱凌时的印象，"比别人稍微多练一练，她就出成绩，进步特别快。"

"不仅是在滑雪项目上，在其他运动方面，谷爱凌也展现出高人一等的运动天赋。"卢建的夫人徐一宁说，"我们曾接触过爱凌小时候的网球教练，他曾说，'要是爱凌练网球，将来也一定能成为世界级选手'！"

"秘诀就是专注和热爱"

与专业体育生不同，谷爱凌不仅要完成日常滑雪比赛与训练，还要同时完成高中学业。用她自己的话说，她一直都是高中生，而且强调是"全职高中生"。

"我不是那种上'网课'，或者单独找老师上'一对一'文化课的学生，是正常到校上学的普通学生。"谷爱凌说，在相当长的时间里，她只能在周末或者节假日的时候去滑雪。谷爱凌曾计算过，2019 年，她在雪场上的时间，包括训练和比赛大概只有 65 天，其他时间都是在学校上课。

在谈到如何平衡学习和滑雪时，谷爱凌说，秘诀就是专注和热爱。

"我在滑雪的日子里特别专心去滑，上课的时候就不想滑雪的事情，非常专心，这样效率会比较高。更重要的一点其实是热爱，每次上雪道我都非常高兴。有时候我妈妈说，要是不洗碗就不能去滑雪，我马上就洗了。"

谷燕有时候也会被爱凌这种专注的精神所震惊。

"从很小的时候开始，爱凌好像把很多问题想得特别明白，做一件事情，她很早就给自己定下来，今天做两小时，明天做两小时，而且一定能按照计划完成。做完后，她就丝毫没有任何心理负担地去玩。有时候我们大人都做不到这一点。"

专注的精神、傲人的天赋，让谷爱凌在成为顶尖运动员的道路上，也从没落下自己的学业——高中时期全 A 成绩，提前上完了高中的课程，2020 年在 SAT（俗称美国"高考"）中取得接近满分的成绩，顺利拿到斯坦福大学的录取通知书。

"我喜欢滑雪，我就成了一名运动员，我喜欢时尚，我就从事了一项时尚的运动，我喜欢上课，我就继续去上大学。"谷爱凌说，专注就是要 100% 的投入，一天做好一件事就够了。

"我不是要打败别人，我是要展示最好的自己"

正如谷燕所期待的，谷爱凌在夺得奥运冠军后，说得最多的一句话就是——"我不是要打败别人，我是要展示最好的自己。"

在完成创造历史的最后一跳前，谷爱凌暂时排在第三位。"当时我跟妈妈进行了连线，她建议我做一个相对有把握的动作，这样可以去争取一枚银牌。我则对她说，我的目标是展示自己，我要挑战一下。"

谷爱凌决定放手一搏，最终成功完成了从未在正式比赛中跳出过的转体 1620 度的动作。

"也许大家不相信，最后一跳出发前，我一点儿都不紧张，因为我没有压

2022 年 2 月 8 日，北京 2022 年冬奥会自由式滑雪女子大跳台决赛在北京首钢滑雪大跳台举行。图为中国选手谷爱凌在比赛中。

新华社记者 李尕 摄

力。"谷爱凌说，我就是想打破自己的界限、展现我们的实力和精神。

在导演顾筠看来，谷爱凌展现出了强大的抗压能力。"我一直在看决赛，能把之前比赛从来没有做过的动作发挥得这么淋漓尽致，这个孩子真是太棒了。"

和所有运动员一样，谷爱凌也受到过伤病的困扰。2021—2022 赛季，在奥地利施图拜的坡面障碍技巧世界杯赛前的一次训练中，谷爱凌意外摔倒受伤。

"当时离比赛已经很近了，爱凌自己特别着急。其实，她特别想在这次比赛里和高水平的运动员们比画比画，但是为了安全起见，我们放弃了这站比赛。"谷燕说，接下来的世界杯赛程，谷爱凌连战连捷，并把火热的状态延续到了北京冬奥会。

人们有理由期待，已经超越自己、实现梦想的谷爱凌会给大家带来更大的惊喜。

（新华社北京 2022 年 2 月 8 日电
执笔记者：孔祥鑫，
参与记者：李德欣、邰思聪、肖亚卓、汪涌、董意行、高萌、赵建通、马锴，
原标题：《"除了天赋，还有热爱"——冬奥冠军谷爱凌的成长之路》）

2022 年 2 月 15 日，北京 2022 年冬奥会单板滑雪女子大跳台决赛在北京首钢滑雪大跳台举行。图为中国选手荣格在比赛中出发。

新华社记者 熊琦 摄

雪飞天

不吐烟圈的大烟囱

不吐烟圈的工业烟囱，在全世界所有的大跳台场地中都难以找到的背景，凝结着北京冬奥组委践行可持续发展和节俭办奥理念，闪耀着中国智慧的光芒。

2008年，借北京举办奥运会的契机，首钢老工业园区迎来搬迁和改造。如今，曾用于储存炼铁原料的筒仓，变成北京冬奥组委会办公区；精煤车间变为中国国家队冰上项目训练基地；冷却塔旁建起自由式滑雪大跳台。

和其他临时搭建的场地不同，首钢滑雪大跳台主体为钢构架，是全世界首个永久性的大跳台比赛场地。值得一提的是，建设这里所用的4100吨钢铁全部来自首钢自产钢材。

钢筋铁骨的首钢滑雪大跳台有一个充满中国古典美的名字——"雪飞天"。这是因为其设计灵感源自古代敦煌壁画中的"飞天"，丝带在空中飞舞的形态与大跳台赛道曲线十分契合。

此外，这里还是北京冬奥会唯一在中心城区的雪上项目场地。自由式滑雪大跳台比赛后，单板滑雪大跳台项目也在这里进行。两个项目虽然看上去差别不大，但实际上，运动员所需要的赛道曲面完全不同。首钢滑雪大跳台场地的可变坡面技术能实现赛道转换，满足两种不同需求。

赛道可剖面指的就是首钢滑雪大跳台的斜台区，也就是通常所说的选手起跳区。这个长约36米、宽约13米、最大高差约3.5米的区域，用约1100个模块搭"积木"，使赛道曲面发生变化，实现不同比赛赛道的快速切换。

（新华社北京2022年2月10日电
新华社记者马锴、赵建通，
原标题：《你不知道的冬奥事：首钢滑雪大跳台凭什么在海外"出圈"》）

努力从来不会骗人

——苏翊鸣

不管是什么成绩，对我来说最大的动力永远都是不忘初心，就是因为我热爱单板滑雪，一切都是来源于热爱。我是因为热爱才会去做我现在所有喜欢做的事情，所以不管拿到什么样的成绩，我的初心都不会变。

——苏翊鸣

努力并不一定最终成功，但不努力永远不可能成功。成功的要素都有什么？从刚满 18 岁的中国单板小将苏翊鸣在北京冬奥会上成功摘得中国单板滑雪冬奥首金，并最终获得一金一银，我们或许可以看出答案：天赋、伯乐、努力、坚守、机遇。

天赋

2004 年 2 月 18 日，苏翊鸣出生于冰雪资源丰富的吉林省吉林市。他的父母都是滑雪发烧友，所以苏翊鸣 4 岁时就

2022 年 2 月 15 日，北京 2022 年冬奥会单板滑雪男子大跳台决赛在北京首钢滑雪大跳台举行。图为中国队选手苏翊鸣庆祝夺得单板滑雪男子大跳台冠军。

新华社记者 黄宗治 摄

2022 年 2 月 15 日，北京 2022 年冬奥会单板滑雪男子大跳台决赛在北京首钢滑雪大跳台举行。中国选手苏翊鸣夺得冠军。图为中国选手苏翊鸣在比赛中。

新华社记者 黄宗治 摄

和父母一起上了雪场。当年，滑雪在中国还不算普及，根本没有适合小孩的装备，苏翊鸣就用大人的雪板和护具开始了滑雪生涯。他学得很快，没多久就可以熟练换刃并在中高级雪道上自如驰骋。

据吉林蜂巢俱乐部创始人刘伟回忆，苏翊鸣是特别有灵性的小孩，第二年就能做转体动作，"开始是我们教他，但没几年就是他教我们了。他还经常参加大人的比赛，一点都不畏惧"。

被称为"银发单板侠"的张亦兵是苏翊鸣的雪友"大爷"之一。今年 60 岁的他曾见证了苏翊鸣 7、8 岁时从大跳台上往下"飞"，9 岁时第一次在雪上做"前空翻"。

苏翊鸣曾就读于吉林市万达实验小学，当年的班主任何玲回忆说，苏翊鸣从小就想当单板王，想当奥运冠军。他的专注力非常强。

伯乐

就在苏翊鸣的滑雪技术已超越身边雪友之时，他遇到了人生中第一个伯乐——中国职业单板滑雪选手王磊。

据王磊回忆，他当时正在北京举办一个青训营，苏翊鸣是学员之一。"很快我就发现，苏翊鸣不但模仿能力特别强，小小年纪还会自己去琢磨动作，通过思考让这个动作做得更好。这和其他孩子完全不一样。他身上有一种对这项运动的极度热爱，绝对是个好苗子。"

苏翊鸣滑雪生涯中的第二个伯乐是日本教练佐藤康弘，这是一位有近 30 年执教经验、为日本培养出世锦赛女子冠军和世界杯男子冠军的著名单板滑雪教头。北京冬奥会申办成功后，佐藤康弘接受中方邀请，执教中国单板滑雪大跳台及坡面障碍技巧队。苏翊鸣是他最得意的门生。

根据中国不少选手是跨界而来的情况，佐藤研究出一套"速成法"，能在较短时间内提高运动员水平。像苏翊鸣这样具备相当基础的选手则更是如虎添翼，成绩提高迅速。两人刚接触时，苏翊鸣还只能完成翻转两周，现在则已是在训练中完成内转 1980 度抓板动作的世界第一人。

努力

苏翊鸣的好友、在北京冬奥会上获得 2 金 1 银的谷爱凌说，天赋只是在运动员接触项目时能起到助推作用，但没有一个奥运冠军是纯靠天赋成功的。

多位曾与苏翊鸣一起训练的队友表示，苏翊鸣的成功不是偶然，背后是日复一日的刻苦训练。

长白山万达泰格岭山地公园见证了苏翊鸣的成长，也是他起飞的"秘密基地"。公园员工孙建军负责开雪地摩托送运动员上山训练，他曾多次接送苏翊鸣。"苏翊鸣刻苦训练是出了名的，早上别人还没上雪道，他已经在上面了，别人去吃饭了，他还在训练。"孙建军说。

苏翊鸣自己透露，他曾在一周的训练中滑坏过 4 个雪板。

佐藤康弘对苏翊鸣的评价是，聪明、自律、目标明确，对训练有着强大的热情，毫不懈怠。

坚守

人在一生中总会面临几次重大选择。苏翊鸣 7 岁时在一次滑雪中受伤，大腿骨折。躺在病床上的苏翊鸣面临第一次重大抉择。母亲李蕾意识到，在这种困难下放弃，苏翊鸣失去的绝不仅仅是酷爱的滑雪。母亲的支持与苏翊鸣不谋而合，且坚定了他继续滑雪的决心。

2022 年 2 月 15 日，北京 2022 年冬奥会单板滑雪男子大跳台决赛在北京首钢滑雪大跳台举行。中国选手苏翊鸣夺得金牌。图为中国选手苏翊鸣在比赛中。

新华社记者 黄宗治 摄

2014 年，徐克导演的《智取威虎山》上映了。拍摄期间，剧组需要一名滑雪出众的男孩扮演"小栓子"一角，苏翊鸣被选中。此后，苏翊鸣还出演了几部片子。但演戏毫无疑问对滑雪产生了影响，苏翊鸣也因此面临第二次重大抉择。他的最终选择人们已经知晓。据王磊回忆，"那段时间我见到他时，一提到滑雪，他的眼睛都亮了"。

2022 年 2 月 15 日，北京 2022 年
冬奥会单板滑雪男子大跳台奖牌颁
发仪式在北京赛区颁奖广场举行。
图为冠军中国选手苏翊鸣在奖牌颁
发仪式上。

新华社记者 黄宗治 摄

电影《智取威虎山》片段

苏翊鸣曾经在电影《智取威虎山》中出演精通滑雪的"小栓子"。

机遇

2015 年，北京冬奥会申办成功。冬奥会的到来，让冰雪运动的种子得以在中国各地播撒。这对苏翊鸣来说无疑是重大机遇。

2018 年，单板滑雪国家集训队成立。早有准备的苏翊鸣也在这一年正式成为职业滑手。佐藤康弘"钦点"苏翊鸣入队。14 岁的天才少年由此开启了职业生涯和为国征战的旅途。

备赛冬奥这几年，苏翊鸣走南闯北，在国内外参加了一系列的高强度训练和高级别比赛，实力和成绩迅速提高。国家对一名具有非凡潜质的冬奥选手的支持力度有多大，是显而易见的。

在北京和崇礼摘金夺银后，苏翊鸣总会对记者说："感谢国家，感谢父母，感谢教练⋯⋯"了解他的人都明白，这绝不是客套话。

（新华社河北崇礼 2022 年 2 月 20 日电
新华社记者潘毅，
原标题：《苏翊鸣为什么会成功》）

因热爱而坚持，
因梦想而坚定
——徐梦桃

梦想成真的前提是，一定要付出、一定要努力，你加倍努力，才能靠近目标、接近梦想。不要轻易放弃之前的努力，你的努力一定会在最关键的时候帮你。

——徐梦桃

12 年，31 岁的徐梦桃用了四届冬奥会，讲述了一段"因热爱而坚持，因梦想而坚定"的故事。夺冠后她声嘶力竭的呐喊，情不自禁流下的热泪，成为北京 2022 年冬奥会上最让人难以忘怀的瞬间之一。

这位中国雪上领军人物日前在接受新华社记者专访时表示，金牌既是对她自己的肯定，也是对中国空中技巧人 24 年来逐梦的褒奖，未来希望年轻运动员能够从她手中接过传承的火炬。

2022 年 2 月 15 日，北京 2022 年冬奥会自由式滑雪女子空中技巧奖牌颁发仪式在张家口赛区颁奖广场举行。图为冠军中国选手徐梦桃在奖牌颁发仪式上。

新华社记者 邓华 摄

我真的是爸妈用羊肉串炉子"培养"出来的

徐梦桃夺金后受到举国关注，社交媒体上数以万计的网友为她送上祝福。她成功背后的故事也被网友打探到——家境贫困的她，从烧烤摊走上领奖台，引得无数网友泪目。

"就像网上传的一样，我真的是爸妈用羊肉串炉子做生意培养出来的。"徐梦桃回应说，索契冬奥会拿到银牌后，她给父母换了一套房子。在她 24 岁以前，她一直是跟爸妈挤在一个 36 平方米的房子里。

"我印象特别深，2009 年我拿第一个世界冠军后，我还帮我爸在外面卖羊肉串。我和爸妈说，'咱们多站一个小时，没准还能多卖点'。"徐梦桃说，有时候回到家里，都已经过深夜 12 点了。

"我给爸爸按腿按腰，帮妈妈做一些家务，然后看着他俩睡着。"徐梦桃说，"每次想到这里，都想哭，脑海里总是浮现我爸那个装货的泡沫箱子，箱子轻一点的时候，说明肉串卖得比较好，箱子沉的时候，可能没有卖多少就拿回来了。"

徐梦桃说，这样的生活环境反而给了自己训练和比赛额外的动力。"感谢爸爸、妈妈，从很小就让我当家，很早就能够独立自主去生活。我心疼他们，同时，这也能促使我在训练中更刻苦，能挣工资、挣奖金。"

"你只有刻苦了，比别人做得更多，付出得更多，你离拿冠军的机会会更近一点，才能改善家里的情况。所以我非常爱爸妈，我希望他们健康。现在他们也不用上班，全力保障我、陪伴我，希望他俩健康，可以长命百岁。"徐梦桃说。

2022 年 2 月 14 日，北京 2022 年冬奥会自由式滑雪女子空中技巧资格赛
在张家口云顶滑雪公园举行。图为中国选手徐梦桃在比赛中。

新华社记者 肖艺九 摄

2022 年 2 月 14 日，北京 2022 年冬奥会
自由式滑雪女子空中技巧决赛在张家口云
顶滑雪公园举行，中国选手徐梦桃夺得冠
军。图为中国选手徐梦桃在比赛中。

新华社记者 肖艺九 摄

夺冠的场景，我想象了上百次、上千次、无数次

当最后出场的美国名将阿什莉·考德威尔落地时出现明显失误，在等待区的徐梦桃意识到，这一次，没有人能超过她了！四届冬奥会，12 年的漫长等待，曾经遥不可及的梦想就这样实现了吗？徐梦桃似乎还是不敢相信，这一切是真的。

"夺冠的场景，我想象了上百次、上千次、无数次。但真的拿到金牌的时候，自己有些不敢相信。我一晚上都没睡，感觉就像做梦一样，脑海里反复在回忆最后一跳的动作。"徐梦桃说。

已经拿过 27 个世界杯分站赛冠军的徐梦桃说，冬奥会金牌攥在手里的感觉似曾相识。"感觉跟我拿世锦赛冠军，以及人生中第一次拿世界杯冠军的感觉一模一样。有一刻忽然清醒，拿冠军是这样的感觉。"

从温哥华到索契，从平昌到北京，徐梦桃一路走来伤痕累累。她说，拿到奥运金牌，让她感觉自己的努力终于被大家看到了。"我真的感觉是苦心人、天不负。拿到金牌的时候，觉得所有吃过的苦，都是值得的。"徐梦桃说。

"金牌之夜的最后一跳，真的，我当时心里特别平静，是很沉浸的一个状

态。当时非常投入，只想怎么把自己的动作做好，因为我相信，我的训练是能够保证赛场上达到那种成绩的。"徐梦桃说。

徐梦桃坦言，过去这么多年，有痛苦有伤病，有挫折有迷茫，但面对这些，才更明白了多么热爱这个项目。"在这样的情况下，我依然热爱空中技巧，我依然特别渴望拿到金牌，我依然还是希望可以圆梦，我依然希望有更大突破。"

梦想成真的前提是，一定要付出、一定要努力

女子空中技巧一直以来都是中国队的传统强项，从 1998 年长野冬奥会徐囡囡夺得银牌开始，中国女子空中技巧队等这枚金牌已经等了整整 24 年。作为一个"全满贯"，徐梦桃说，想与年轻运动员分享的是，一定要有梦想，并为之付出努力。

"这 24 年是女子空中技巧人追梦和冲金的过程。之前 6 届冬奥会我们拿了 5 块银牌，但这不代表我们是在原地踏步。"徐梦桃说，这一路走来，我们积累了很多宝贵经验和财富，才知道在比赛过程中，哪个环节、哪些细节处理好，才能拿到金牌，最终才能捅破这层"窗户纸"。

"梦想成真的前提是，一定要付出、一定要努力，你加倍努力，才能靠近目标、接近梦想。不要轻易放弃之前的努力，你的努力一定会在最关键的时候帮你。"徐梦桃说。

这次北京冬奥会上，除了三位"四朝元老"外，几位年轻运动员最终都没能在各自项目中进入到最终的决赛。作为队伍中的大姐姐，她想说："现在条件这么好，我们没有理由不好好训练。作为中国的运动员，真的非

常幸福。尤其是疫情的时候，国家给予了我们无限的支持。"

徐梦桃表示，筹办冬奥这些年，中国参与冰雪运动的人口不断增加、冰雪项目竞技成绩也在不断提高，多个雪上项目水平有长足进步。"冬奥会是一个起点，希望中国的年轻运动员能够在训练中脚踏实地。我们尽量去争取完美的过程，结果相信就不会差。"她说。

对于北京冬奥会之后的打算，徐梦桃说：还没定，也没有去考虑太多，"下赛季我还有比赛呢"！

（新华社河北崇礼 2022 年 2 月 19 日电
新华社记者杨帆、夏亮、张逸飞，
原标题：《夺冠的场景，我想象了上百次、上千次、无数次——专访徐梦桃》）

人生能有几回搏，现在不搏何时搏

——张梦秋

一定要坚持，坚持就是胜利。人生能有几回搏，现在不搏何时搏——这句话是我前进的动力。

——张梦秋

旗门在寒风中猎猎作响，四处飞溅的雪沫被轻轻铲平，终点处的人们屏住呼吸。

不到 1 分钟，所有的寂静被欢呼打破，安静的大山陷入沸腾。

第二轮 59 秒 05，总成绩 1 分 55 秒 12，中国运动员张梦秋在延庆国家高山滑雪中心以绝对优势摘得残奥高山滑雪女子大回转（站姿）项目的金牌，这也是她本届冬残奥会的第四枚奖牌。两金两银的战绩，让这个性格淳朴、喜爱"金色"的女孩儿喜笑颜开。她用六年时间，在高山滑雪中找到了自己的"金色赛道"。

2022年3月12日，北京2022年冬残奥会残奥高山滑雪项目女子回转（站姿）比赛在延庆国家高山滑雪中心举行。张梦秋最终获得亚军。图为张梦秋在比赛中。

新华社记者 李嘉南 摄

出生于 2002 年 3 月 9 日的张梦秋，刚刚在冬残奥村内度过了自己的 20 岁生日。谈及与高山滑雪结缘的过程，这个朴实的河北女孩儿用最简单的话语表达对滑雪运动的感激："我喜欢高山滑雪，它能让我快乐。"

中国代表团在本届冬残奥会之前，还未在残奥高山滑雪项目取得过任何奖牌，因此张梦秋每次站上领奖台，都是一次新的历史突破。在这样耀眼的成绩下，是常年如一日的"潜心修炼"，是直面自我的巨大勇气。

2016 年，张梦秋被河北省残联选中，成为一名高山滑雪运动员。"刚到队里的时候，什么都不懂，教练告诉我说，想要把雪滑好，就必须练好体能。一次完成体能训练后，我的双腿已经疼到走不了路了。那时我想到过放弃，在家哪受过这样的苦呢？"

后来，看到队友每天都在努力训练，张梦秋打消了这个念头。"一定要坚持，坚持就是胜利。人生能有几回搏，现在不搏何时搏——这句话是我前进的动力。"

滑雪六年，磨炼六年，张梦秋用一次次训练和一场场比赛将自己打磨成了中国残奥高山滑雪的"领军人物"。

2017—2018 赛季，张梦秋首次参加残疾人全国高山滑雪锦标赛，拿下一银一铜，顺利进入国家队。赢得全国冠军后，张梦秋开始向更高的目标发起冲击。"先是去了新西兰，看到国外雪道和国内的不同之处，虽然对手不多，但也积累了一些比赛经验。后来去了欧洲的一些国家，参加了欧洲杯和世界杯比赛。对国外的运动员有了一些了解，感觉自己和国外运动员的差距特别大，我还得继续努力。"

再次沉下心来的张梦秋，很快开始在国际舞台崭露头角：2019 年，她在新西兰南半球杯比赛摘得金牌；2020 年，她在瑞士为中国队拿下残疾人

2022 年 3 月 6 日，获得冠军的张梦秋在北京 2022 年冬残奥会残奥高山滑雪女子超级大回转（站姿）比赛奖牌颁发仪式上。

新华社记者 雒圆 摄

高山滑雪首枚世界杯金牌，随后又在当年的世界杯分站赛中赢得三枚奖牌；2021 年，残奥高山滑雪世界杯奥地利站冠军；2022 年，北京冬残奥会两金两银……"每次比赛，我的目标不是第二、第三，而是夺得冠军。我喜欢金色。"每次采访，不善言辞的张梦秋总是回答寥寥，但只言片语间，满是对于冠军的不懈追逐。

纯粹、专注，作为一名运动员的张梦秋将这种特质发挥到了极致。她就像武侠小说中的"武痴"，当拿起雪杖站在起点的那一刻，天地间只有眼前的赛道和自己的心跳。

中国残奥高山滑雪队主教练卡佩利·达里奥在谈起张梦秋时如此评价："梦秋总是能很好地解决赛场以外的压力，她非常善于调整心态，总是专注于比赛，我想这是她能够取得好成绩的一个重要原因。"

（新华社北京延庆 2022 年 3 月 11 日电
新华社记者张睿、姚友明、刘扬涛，参与记者：马邦杰、张骁，
原标题：《两金两银！张梦秋"磨剑"六年滑出自己的"金色赛道"》）

战胜自己 终达高峰

微风如何炼成
"威"风
——任子威

这是对我过去四年最好的肯定，我拼尽了全力。

——任子威

北京冬奥会、冬残奥会总结表彰大会 2022 年 4 月 8 日在京举行，在北京冬奥会上获得两枚金牌的国家短道速滑队运动员任子威获得"北京冬奥会、冬残奥会突出贡献个人"称号，会后他戴着大红花说："这是鼓励也是激励，让我更好地进行接下来的训练，更好地回馈祖国。"

从懵懂少年，到平昌冬奥会初出茅庐，再到北京冬奥会上的自信与成熟，任子威的父母和启蒙教练王北铭知道这变化背后的故事。

任子威的爸爸任长伟回忆，小时候给任子威报了短道速滑和

2022 年 2 月 7 日，在首都体育馆举行的北京 2022 年冬奥会短道速滑项目男子 1000 米决赛中，中国选手任子威夺得冠军。图为任子威在比赛后庆祝。

新华社记者 王毓国 摄

小提琴两个兴趣班，从小爱动、淘气的任子威表现出对滑冰的兴趣。

"那时候他刚上小学，学校里很多孩子学习滑冰，我和他爸爸都喜欢体育，工作又忙，就让他在学校多待一会，放学后一个小时练练滑冰。"任子威的妈妈李艳说。

任子威在学校表现出极高的运动天赋，很快就被曾培养出王洪洋、范宏文等优秀短道速滑运动员的教练王北铭看中。

"一年级，我就从学校把他带到了体校。"在王北铭的记忆里，任子威能力很全面，反应快，没有缺项，"比较猛"。

李艳记得儿子刚练滑冰那几年的许多细节。"那时候冬天放学坐公交车去场馆训练，晚上到家都九点多了，回来还得写作业，早上五点起床，再去上冰，上完冰又去上课。"李艳说。

那时候，私家车还是"稀罕物"。好几次挤公交车回家时，任子威都对任长伟说："爸爸，咱家要是有台车，去冰场训练就方便多了。"任长伟鼓励儿子说："你好好训练，取得好成绩，将来这些梦想都会实现。"

练了几年，任子威开始参加大大小小的比赛。平日很多人说任子威大度，性格好。但王北铭知道，"遇到比赛这件事，任子威比谁都较真"。

"一次比赛输给比他大的运动员，下来就说'不服，第二年，我玩命比'。"有一件事王北铭记忆深刻，一次任子威的师哥来队里看望师弟，任子威拿着师哥的金牌爱不释手，"他师哥开玩笑说'想要金牌自己得去'，这句话对他刺激很深。"王北铭说。

为了取得好成绩，任子威"玩命训练"。"他就是太爱滑冰了，不仅来得比别人早，走得也比别人晚。"从小在部队大院长大，让任子威拥有了作风硬朗、能吃苦的优秀品质。

2010 年、2011 年任子威两次受伤骨折，每次李艳和任长伟都决定不让任子威再继续从事短道速滑训练了。"受这么严重的伤，任子威也不哭，只是问我'教练我还能行吗？还能滑冰吗？'"王北铭回忆。

"能行孩子，我觉得你一定行。"

"那我就练！"

为让任子威安心训练，王北铭那个时候经常给李艳和任长伟打电话，希望他们能继续支持儿子训练。在任子威受伤期间，王北铭还去家里为他进行康复训练。

回忆那段经历，李艳感觉过往的坚持很不容易。

"学校老师也曾经劝过我们不要练了，很纠结，但孩子喜欢，我们决定全力支持。"李艳说，"后来在国家队这些年，每年就 20 天左右的假期，没在家过过年。"说到此，李艳眼中闪着泪光。

2014 年进入国家队，虽然也在世界大赛上拿过金牌，但冬奥会金牌才是任子威最重要的梦想。2018 年平昌冬奥会是任子威的第一次冬奥之旅，但那时实力并不足以支撑他实现梦想。

"从平昌回来，我问任子威'你还能圆梦吗？'他说'王老师，我拼命也得拿一枚金牌，我就缺一枚冬奥会金牌'。"王北铭说。

2022 年 2 月 5 日，北京 2022 年冬奥会短道速滑项目混合团体接力四分之一决赛在首都体育馆举行。图为中国队选手任子威（左二）与队友曲春雨（左一）在比赛中。

新华社记者 兰红光 摄

2022 年 2 月 7 日，在首都体育馆举行的北京 2022 年冬奥会短道速滑项目男子 1000 米决赛中，中国选手任子威夺得冠军。图为任子威（左二）在比赛中。

新华社记者 熊琦 摄

任子威没有辜负这份坚持。在北京冬奥会前的短道速滑世界杯四站赛事中，任子威表现出色，每站均有金牌入账，其中两次登上 1500 米的最高领奖台。

北京冬奥会任子威在混合团体接力和男子 1000 米比赛中发挥稳定，获得两枚金牌。"这是对我过去四年最好的肯定，我拼尽了全力。"任子威说，自己也会继续努力训练，在未来争取更好的成绩。

（新华社哈尔滨 2022 年 4 月 11 日电
新华社记者王君宝，
原标题：《微风如何炼成"威"风——记"北京冬奥会、冬残奥会突出贡献个人"称号获得者任子威》）

四年磨一剑，
如愿"让奖牌换个颜色"
——高亭宇

这块金牌献给我的祖国！这块金牌只是中国速度滑冰的一个开始，我们会在这片冰场上打下更多的纪录，获得更多的金牌。

——高亭宇

高亭宇始终忘不了一个梦。在一片冰场，有裁判和教练，却没有对手，他一个人孤独地滑啊滑，没有尽头，没有终点。他被吓醒了。

高亭宇爱睡觉，除了训练，一天要睡满 12 个小时，他说练得太疲惫，充分休息才能快速恢复。入住冬奥村，他特意带了一个乳胶枕，上面是黄色的碎花，他怕睡不好、落枕。

但在夺冠的前一夜，他还是失眠了……

2022 年 2 月 12 日，北京 2022 年冬奥会
速度滑冰男子 500 米奖牌颁发仪式在北京
赛区颁奖广场举行。图为冠军中国选手高
亭宇在奖牌颁发仪式上。

新华社记者 程婷婷 摄

"飞人"加冕

2022 年 2 月 12 日,注定属于高亭宇。这一天,他赢得了北京冬奥会速度滑冰男子 500 米金牌。

赛前,在去国家速滑馆"冰丝带"的路上,高亭宇一路没看手机。为了专心备战,他卸载了所有社交媒体 App。

高亭宇被网友喜欢,很大程度因为幽默。有网友问他"如何欣赏一场花样滑冰比赛",他答:"买好门票、玩偶,看见喜欢的运动员,等他表演完,拿玩偶砸他。"网友接着问:可以买玩偶去速度滑冰(场)砸你吗?他答:"可以。"

果不其然,在当晚的"冰丝带",高亭宇如愿获得了玩偶——一个金色的"冰墩墩",但这只"熊猫"并不是观众"砸"给他的,而是他自己"挣"的。

当日 17 时许,高亭宇如一道红黑色闪电冲过终点,以 34 秒 32 的成绩打破奥运会纪录,痛快淋漓赢得北京冬奥会速度滑冰男子 500 米"飞人大战",斩获中国男子速度滑冰冬奥会首金。

这枚金牌的意义何在?如果非请一个人评价,非罗致焕莫属。他 1963 年为中国夺得第一个速度滑冰世界冠军。看完高亭宇当晚的比赛,罗老洒下热泪:"这是中国体育代表团分量最重的一块金牌!相当于赢得田径场上的'百米飞人'大战!"

此言不虚。速滑男子 500 米与田径男子 100 米,二者都是挑战人类速度极限的项目。2008 年北京奥运会上,博尔特一骑绝尘。2022 年北京冬奥会，高亭宇一飞冲天。

对于博尔特，高亭宇这样评价："我敬佩他，特别是奥运精神的传承，我至少也要坚持三届。"而对于"中国飞人"苏炳添，高亭宇更加不吝赞美："（他是）国人之光！"

"野心"勃勃

高亭宇跟普通人一样，又不一样。

他喜欢听周杰伦的歌，尤其是磨冰刀的时候，他说"很解压"。

除了爱睡觉，高亭宇的业余生活几乎被看比赛视频填满。他说，只有跟别人比，才能找到自己短处，尤其是破世界纪录、奥运纪录的人。睡觉前看，醒了还看，这三四年，他像着了魔。一聊起对手特点和训赛规律，他能滔滔不绝，"我想赢啊！"

2018 年平昌冬奥会，高亭宇拿了速滑男子 500 米铜牌，实现中国男子选手在该项目上的奖牌突破，但他觉得不够，他想要金牌，北京冬奥会的金牌。

高亭宇从不吝啬对外分享自己的这个"野心"，他觉得是鞭策。

速滑男子 500 米，高手众多，想要比别人快，必须靠真本事、纯实力。

高亭宇爆发力好，起跑快，但他更知道自己的短板：过弯和途中滑。

想拿金牌，不是扬长避短，得把"短"变"长"。四年来，他练得苦，磨得细。进入北京冬奥会周期，高亭宇经历了大情小况、各种波折，特别是腰伤，差点让他无缘赛场。

2020年上半年，腰伤复发的高亭宇回到黑龙江队养伤，8个多月一直过着宿舍、食堂、训练场、医务室"四点一线"的生活，那是一段苦日子，腰上全是密密麻麻的针灸眼。好在，面对磨难，他始终清醒，因为"给铜牌换颜色"的目标一直坚定。

天道酬勤。在"最快的冰"上，他的过弯与途中滑已趋于无瑕。"一点点把短板给补齐，然后最后加固一下，到冬奥会就发挥出来了。"

冬奥冠军张虹说高亭宇外表大大咧咧，上了冰就追求完美，虽然年龄小，但心智特成熟，别人玩游戏，他在看比赛视频、研究技术和冰刀，"他的自我约束能力超出了队里（其他）所有人"。

下了冰的高亭宇是个慢性子。他总说"一切都是最好的安排"，口头禅是"还行吧"。有记者想聊艰辛，他总推出一记太极，"我这人，健忘。感觉不太重要的事，根本记不住"。

而对于重要的事，他却一辈子忘不了，比如拿了冬奥冠军后的大吼与流泪。"在自己家门口，我想疯狂一把。"

"精致"如斯

想拿金牌，除了有硬核实力，还要有谋略。

2022 年 2 月 12 日，北京 2022 年冬奥会速度滑冰男子 500 米决赛在国家速滑馆"冰丝带"举行。图为中国选手高亭宇在比赛中。

新华社记者 熊琦 摄

500 米，强手如林，差距在毫秒间，如何在心态上胜人一筹，摆在了高亭宇和教练刘广彬面前。

四站世界杯系列赛是北京冬奥会的资格赛，是运动员间互探"敌情"的窗口。这四站比赛，高亭宇的表现飘忽不定：夺过冠，有过起跑犯规和弯道失误，有的场次，他甚至没有出战。

殊不知，醉翁之意不在酒，高亭宇的"假寐"是在隐藏实力，让对手放松警惕，更重要的是——换来北京冬奥会中间的出发位置。

凡事预则立。在刘广彬看来，运动员的出发位置非常重要。按照规则，世界杯上成绩越好的选手，在冬奥会上的出场顺序越靠后，而后面出发的选手，很可能因为前面选手成绩好，给自己施加压力，影响到发挥。而如果排在前中段位置出发，心理包袱小，兴许能放手一搏。

根据世界杯的成绩，高亭宇排在第七组出发。其他高手则全都扎堆在第13、14、15 组。最终结果也证明，高亭宇的 34 秒 32，已经影响了后面选手心态。最后两组，竟不约而同出现了第一枪抢跑。

比赛当天下午，从高亭宇热身开始，始终一脸严肃。哪怕是站上跑道，广播介绍他的名字，他也面无表情。当大屏成绩出来，他还是没笑，觉得能超出奥运纪录更多。直到最后一组选手冲过终点线……看到最终成绩的那一刻，高亭宇终于笑了，他高举双手，做出"第一"的手势。

赛后，这个东北小伙不仅开始抖"包袱"，还在炫"霸气"：

——破纪录的感想？"比赛嘛，就是真刀真枪地干，都来家门口了，还惯着谁啊？"

——如何形容自己的性格？"隔路"。

"怎么就火了呢？多普通一东北词啊，"对于"隔路"的蹿红，高亭宇很意外，他给出了正解："有一点与众不同，格格不入，个性多一点，主观意识强一点。"

高亭宇说已经想好了把金牌和"金墩墩"放哪。"我早就留出了一面墙，打算打个柜儿。"

卸载的微信终于在夺金当晚装了回去，高亭宇第一时间发了个朋友圈，感谢了很多人。他写的那段话，包括了文字、表情、图标。

"我就是精致的人，嘎嘎（非常）精致。"

（新华社北京 2022 年 2 月 17 日电
新华社记者岳冉冉、王镜宇，
参与记者：何磊静、李典、罗鑫，
原标题：《高亭宇：我"嘎嘎"精致》）

2022 年 2 月 5 日，冠军荷兰选手伊
雷妮·斯豪滕在速度滑冰女子 3000
米决赛中。

新华社记者 王菲 摄

速滑选手快得过『百米飞人』吗？

速度滑冰，顾名思义，指的是在规定距离内以竞速为目的开展的滑冰比赛。18 世纪末到 19 世纪初，以竞速为内容的滑冰赛由荷兰发起后，陆续推动世界各地举办速滑比赛，1924 年首届冬奥会上，速滑便被列为正式比赛项目。

那么，在一场仅有运动员、冰刀和冰面的竞速比赛中，速滑选手的速度究竟能有多快？这里不妨比较一下，牙买加"飞人"博尔特创造的男子百米 9.58 秒的世界纪录大约可换算成 37 公里 / 小时的平均速度，而中国选手高亭宇在平昌冬奥会速滑男子 500 米决赛夺铜的成绩为 34 秒 65，换算下来平均速度接近 52 公里 / 小时。俄罗斯名将维尔·库里日尼科夫更是在一场速滑比赛中平均速度达到 60 公里 / 小时。因此，速度滑冰也被《国家地理》杂志称为"是在不借助外力情况下，世界上最快的运动"。

为提升滑冰速度，速滑运动的装备在不断发展。如今速滑运动员普遍采用克莱普冰刀鞋，这种冰刀的后跟不与冰鞋直接连接，而是在冰鞋前部安装转动装置，运动员蹬冰时，冰鞋可绕着转动装置上下转动，并使刀跟脱离冰鞋，此种方法可延长蹬冰距离，优化动作结构，提高滑行速度。同时，运动员身穿的紧身服将帽子、上衣、裤子连成一体并通过严格的风洞测试来降低阻力。

为了与短道速滑区分，速度滑冰场地更大，很多人便俗称速滑为"大道速滑"。"大道速滑"在周长 400 米的冰道上进行，分内、外两道，内冰道内圈半径 25 米，外冰道内圈半径 30 米。而短道速滑比赛的椭圆形冰道每圈长 111.12 米，直道长 28.85 米。

那速度滑冰和短道速滑还有什么区别？从比赛规则看，前者更像是跟秒表争，后者是跟人争。北京体育大学中国冰上运动学院院长、短道速滑前世界冠军王春露表示，速度滑冰个人赛是两人一组，道次安排和出发顺序随机抽签，两位选手绕着冰道逆时针滑行，最终通过比较所有选手完成比赛的成绩决定冠军。短道速滑比赛则采用淘汰制，以名次论胜负，比赛中多名选手同时出发并可在不犯规前提下随时超越对手。

在装备上，短道运动员会做更多防护措施，安全头盔、护颈等必不可少，而且短道的冰刀必须是封闭的，刀身也更短，便于适应转弯半径小、弯道多的特点。高亭宇就曾在某问答平台对两个项目总结区别，称"一个圈大，一个圈小；一个活脱刀，一个死脱刀；一个个人能力多一点，一个团队配合多一点"。

海拔在 1000 米以上的滑冰场被称为高原滑冰场。目前，速滑的很多世界纪录都是在美国的盐湖城和加拿大的卡尔加里两座高原室内冰场产生的。在 2002 年盐湖城冬奥会上，竟然有 9 项速度滑冰世界纪录被打破，无论是在冬奥会历史上还是速滑运动发展史上都非常罕见。

为什么高原冰场更容易产生新的世界纪录呢？王春露等专家表示，这是因为速度滑冰客观干扰因素少，阻力成了运动员取得好成绩的主要敌人，由于高原冰场空气相对稀薄，空气阻力更小，浇冰的水质纯净，冰面的质量滑感也更好。

北京冬奥会速滑比赛在北京赛区国家速滑馆"冰丝带"举办，为了能让"冰丝带"见证新的奇迹，工作人员致力于打造平原上"最快的冰"。在科技攻关支持下，"冰丝带"采用了先进而环保的二氧化碳制冰技术，制造一块温度传导极其均匀、平整且光滑的冰，同时配备场馆的空调除湿系统、体育照明系统等，为全球运动员充分展现速滑的力量与优雅提供了绝佳舞台。

（新华社北京 2022 年 1 月 29 日电

新华社记者何磊静、罗鑫、李典，

原标题:《你不知道的冬奥事：速滑选手快得过"百米飞人"吗？》）

没有路又怎样？
创造一条路就好了！
——隋文静 / 韩聪

从我们俩开始搭伴以来，就是有很多的伤病，然后也被认为不太适合双人滑，感觉从一开始就已经没有路了。但没有路又怎样？创造一条路就好了！

——隋文静

从平昌冬奥会的银牌，到北京冬奥会的金牌，中国花样滑冰选手隋文静 / 韩聪于 2022 年 2 月 19 日晚在首都体育馆为中国代表团拿下了北京冬奥会的第九枚金牌。赛后，面对曾经的质疑和压力，隋文静霸气地回应说："没有路又怎样？创造一条路就好了！"

在当晚的比赛中，两人拿出了高难度的技术动作——捻转四周，也正是这一技惊四座的难度动作，让他们最终以 0.63 分的优势惊险战胜同样表现上佳的俄罗斯组合，最终夺得金牌。

2022 年 2 月 19 日，北京 2022 年冬奥会花样滑冰双人滑自由滑比赛在首都体育馆举行，中国选手隋文静 / 韩聪夺得双人滑冠军。图为中国选手隋文静（下）/ 韩聪在比赛中。

新华社记者 马宁 摄

2022 年 2 月 19 日，北京 2022 年冬奥会花样滑冰双人滑自由滑比赛在首都体育馆举行，中国选手隋文静 / 韩聪夺得双人滑冠军。图为中国选手隋文静（左）/ 韩聪在比赛中。

新华社记者 李尕 摄

教练赵宏博表示，"捻四周是当天赢得比赛的关键"。而隋文静给出了更"宏观"的解答："上难度是对奥林匹克精神的一种追求，不断挑战自我。我觉得其实获胜的关键是我们永不放弃的精神。"

从 2007 年搭档以来，这对双人滑组合就一直遭遇各种伤病，小到扭伤、大到骨折，他们都经历了。此外，身材并不高挑的两人，也总是受到关于表现力和展示效果的质疑。

"从我们俩开始搭伴以来，就是有很多的伤病，然后也被认为不太适合双人滑，感觉从一开始就已经没有路了。"隋文静说，"但没有路又怎样？创造一条路就好了！"

2022 年 2 月 19 日，北京 2022 年冬奥会花样滑冰双人滑自由滑比赛在首都体育馆举行，中国选手隋文静 / 韩聪夺得双人滑冠军。图为中国选手隋文静（上）/ 韩聪在比赛中。

新华社记者 李尕 摄

2022 年 2 月 19 日，北京 2022 年冬奥会花样滑冰双人滑自由滑比赛在首
都体育馆举行，中国选手隋文静 / 韩聪夺得双人滑冠军。

新华社记者 曹灿 摄

逢山开路，遇水搭桥。从来没有一条通往成功的道路是没有坎坷和荆棘的；只有坚定信念、永不放弃，才能走到成功的彼岸。从 4 年前平昌的差之毫厘，到如今在北京的荣耀登顶，隋文静和韩聪走到了目的地。

冥冥中似有注定，当天这对中国组合自由滑的配乐就是《忧愁河上的金桥》。歌词中说："当你身心倦透、失去信心，当你眼中充满泪水，我会把它们擦干……如果你需要一个朋友，我就在你身后，我会为你赴汤蹈火，安稳你心。"

"我们今天这套节目（配乐）是《忧愁河上的金桥》，（想表达）彼此支撑、传递力量，想把这种力量传递给所有的人。"韩聪赛后说，"让所有的人在疫情期间能够去战胜这些（困难），彼此帮助，然后渡过难关。"

"感谢祖国对我们的培养，感谢一路走来帮助我们的人，感谢舞伴、感谢彼此，感谢团队给予我们这么大的帮助和支持。"韩聪在赛后混采区连说感谢。隋文静也表示，每一个在身边的人都给了他们莫大的支持和鼓励；也正是他们 15 年的彼此支撑，才终于收获了奥运金牌。

"我觉得一切都是最好的安排，我都接受。我接受全世界的时候，全世界就是我的。"隋文静说。

（新华社北京 2022 年 2 月 19 日电
新华社记者朱翃、王春燕、王君宝，
原标题:《隋文静 / 韩聪：没有路又怎样？创造一条路就好了！》）

2022 年 2 月 17 日，北京 2022 年 冬 奥
会花样滑冰女子单人滑自由滑比赛在首都
体育馆举行，俄罗斯奥委会选手安娜·谢
尔巴科娃夺得女子单人滑冠军。图为安
娜·谢尔巴科娃在比赛中。

新华社记者 陈建力 摄

花样滑冰选曲趣谈

兼具音乐美、姿态美与力量美的特质让花样滑冰这项古老冬季运动项目的关注热度经久不衰。但起初花样滑冰曾是"无声"竞技项目。直到 1932 年的美国普莱西德湖冬奥会，花样滑冰才首次与音乐"牵手"：一支管弦乐队走上冰场，循环演奏同一支曲子为所有选手伴奏。

此后经过很长一段时间，选手们逐渐获得更大的音乐选择权，但仅限于不带歌词的纯音乐。为吸引更多年轻观众，从 2014 年起，国际滑联宣布允许花样滑冰配乐出现歌词。

据观察，出于对歌曲故事性、受众熟悉度与认可度等方面的考量，经典影视剧配乐、经典歌剧与古典乐通常为花样滑冰选手们最常选用的曲目，如柴可夫斯基的《天鹅湖》《罗密欧与朱丽叶》、贝多芬的《月光奏鸣曲》以及韦伯的《歌剧魅影》等。其中，在各大赛事中，被女单、男单、双人滑、冰舞等各项目花样滑冰选手多次"撞车"选用的《卡门》堪称最热门的花样滑冰配乐。由法国作曲家乔治·比才于 1874 年创作的《卡门》是全球上演率最高的歌剧之一。4 幕歌剧音乐反差强烈、故事色彩浓厚，充分表现了爱情、仇恨、欲望与宿命等人性主题。《卡门》不同音乐选段的反差感利于选手们在短时间内呈现情绪与故事。

随着规则的调整，新的"爆款"歌曲也随之而来。2018 年平昌冬奥会冰舞短舞蹈比赛的主题是"拉丁"，赛场上，中国、韩国及波兰的选手们便不约而同地演绎了流行歌曲《Despacito》。

18 世纪中期起源于英国的花样滑冰在欧美地区有着数百年的开展历史，世界大赛的领奖台长期被欧美人垄断。为了让作品被更多裁判与受众理解、引发共鸣，不少亚洲选手会选择演绎欧美

2021 年 12 月 24 日，羽生结弦在全日花
样滑冰锦标赛男子短节目比赛中。

新华社记者 张笑宇 摄

音乐。但近年来，越来越多的东方元素在花样滑冰赛场上脱颖
而出，《梁祝》《卧虎藏龙》等"国风"经典成为不少中国选手、
华裔选手的选择。

1995 年世界花样滑冰锦标赛上，伴随着《末代皇帝》的悠扬曲
调，陈露在自由滑节目中融入中国敦煌和丝路花雨的舞蹈动作，
充满东方韵味的演出让裁判与观众久久回味。也是在那场比赛
后，世界花样滑冰冠军名录上首次写上了"中国"。

两届冬奥会花样滑冰男单冠军羽生结弦在 2021 年底举行的全日
本锦标赛暨北京冬奥会预选赛中夺得冠军。当晚自由滑比赛中，
他通过一曲和风音乐《天与地》讲述日本战国武将上杉谦信的
一生。四年前，他还将《阴阳师》带上平昌冬奥会赛场，技惊
四座。

归根结底，对于花样滑冰运动员而言，无论是民族的或舶来的，
古典的或现代的，热门的或小众的，能够融会贯通，演绎出自己
的风格乃至成为经典的选曲，就是最好的选曲。

（新华社北京 2022 年 1 月 21 日电
新华社记者乐文婉、王春燕，
原标题：《你不知道的冬奥事：花样滑冰选曲趣谈》）

风暴中的王者

——齐广璞

命运向勇士低语，你无法抵御风暴。勇士低头回应，我就
是风暴。

2022 年 2 月 16 日夜，齐广璞没让遗憾留在赛场。终于，
他成为风暴中的王者。北京冬奥会自由式滑雪男子空中技
巧决赛，齐广璞以 129.00 分拿下金牌，续写了中国空中
技巧"梦之队"的辉煌。

看到成绩的那一刻，赛场沸腾了，齐广璞跳了起来。他一边呐
喊，一边高高举起国旗绕赛场奔跑。看到这激动人心的一幕，
这个被赛场灯光打亮的寒夜里，现场很多观众流下了泪水。

2022 年 2 月 16 日，北京 2022 年冬奥会自由式滑雪男子空中技巧决赛在张家口赛区举行，中国选手齐广璞获得冠军。图为中国选手齐广璞在比赛中。

新华社记者 王昊飞 摄

这枚金牌，中国空中技巧队等了太久。

当晚决赛共有 12 名选手，比赛分两轮，第一轮两跳取最高分，前六名晋级第二轮。资格赛中排名第一的齐广璞最后出场。

第一跳，凭借稳定的发挥，他得到 125.22 分。滑下赛道的那一刻，他满脸笑意，指了指印在身上的国旗。第二跳，力求稳定的齐广璞拿到 114.48 分。他以决赛首轮第四名的成绩杀进第二轮。

这是一场艰难的旅程。第一轮齐广璞的成绩并不算出众，和他并肩作战的贾宗洋又名列第七无缘最终对决。反观竞争对手，俄罗斯奥委会队的伊利亚·布罗夫第一轮已经祭出难度系数 5.000 的动作，并拿到 129.50 的高分。

齐广璞扛起了为中国队夺牌的大旗。

决赛第二轮，齐广璞第三个出场。

此前出场的两名选手纷纷拿出 5.000 的难度，但都没有稳稳落地。齐广璞的机会来了。

他身体倾斜着站上赛道，为自己的出发做好准备。旋转、腾空、落地，一气呵成，动作干净得像空中随风飘起的雪花。

129.00，等了许久，现场大屏幕打出齐广璞的成绩。

随后出场的两名选手同样挑战 5.000 的难度，但都出现瑕疵。此刻，齐广璞保证能站上领奖台了。

2022 年 2 月 17 日，北京 2022 年冬奥会自由式滑雪男子空中技巧奖牌颁发仪式在张家口赛区颁奖广场举行。图为冠军中国选手齐广璞在奖牌颁发仪式上。

新华社记者 牟宇 摄

压力交给了最后出场的伊利亚·布罗夫。在紧张得让人难以呼吸的决赛轮，他选择了更低的难度系数 4.525。114.93 分，布罗夫没有延续上一轮中的惊艳表现，最终收获铜牌。

四赴冬奥征程，31 岁的齐广璞终于在家门口拿下金牌。作为集世锦赛冠军、世界杯冠军等荣誉于一身的老将，这也是他唯一欠缺的那枚金牌。

齐广璞的第一次冬奥会之旅在温哥华，那一次他排名第七；四年后索契，贾宗洋和齐广璞已经成为夺金热门，但最后落地时的失误让齐广璞只获得第四；又一个四年，平昌

2022 年 2 月 16 日，2022 年冬奥会自由式滑雪男子空中技巧决赛冠军齐广璞庆祝夺冠。

新华社记者 肖艺九 摄

冬奥会，又一个第七。之后他曾短暂地退出国家队，不久后又重返雪场，继续为荣誉而战。

就像泰戈尔《飞鸟集》中的诗句，只有流过血的手指，才能弹出世间的绝唱。齐广璞做到了！

"之前冬奥会的失误让我有时间沉淀自己。今晚感谢我的队友贾宗洋，我们并肩作战，他给了我力量。"

齐广璞眼神坚毅。

（新华社河北崇礼 2022 年 2 月 16 日电
新华社记者李琳海、陈地，
原标题:《齐广璞：风暴中的王者》）

在高山之上
"拥抱"整个世界

——无臂运动员孙鸿胜

我一直相信，机会是留给有准备的人的。

——孙鸿胜

1分20秒88，是孙鸿胜在北京冬残奥会高山滑雪男子超级大回转（站姿）项目中，从"岩石赛道"1825米处滑至终点的时间。

22年，是孙鸿胜从失去双臂，到站在冬残奥会舞台上的时间。

20多年的困难与挫折，20多年的奋斗与磨砺，在孙鸿胜冲下高山掠过终点的瞬间，得到了最好的回馈与释怀。

作为本次冬残奥会同级别赛事中唯一无臂选手，赛道上两臂

2022 年 3 月 6 日，北京 2022 年冬残奥会残奥高山滑雪男子超级大回转（站姿）项目比赛在延庆国家高山滑雪中心举行。中国选手孙鸿胜在比赛中最终获得第 29 名。

新华社记者 江汉 摄

2022 年 3 月 5 日，孙鸿胜参加残奥高山滑雪男子滑降（站姿）项目，以 1 分 28 秒滑完全程；6 日，他在男子超级大回转（站姿）比赛中再次顺利完赛。图为孙鸿胜在比赛中。

新华社记者 李嘉南 摄

空荡的他显得如此"另类"。但正如他所说："回顾我的经历，能顺利完赛就足够让我激动了。"

来自辽宁庄河市的孙鸿胜，6 岁时因一次电击意外失去双臂。残酷的命运让孙鸿胜的父母痛不欲生，但孙鸿胜却并未因此消沉，为了安慰父母，他主动克服各种困难，慢慢学会了用脚做家务、用脚看书写字，甚至学会了不用双臂也能骑自行车，奔跑速度在同龄人中也是佼佼者。

孙鸿胜出色的身体素质与协调能力被沈阳残疾人游泳队发现。2008 年，少年与体育结缘。

在游泳队的时光进一步锻炼了孙鸿胜的协调能力，高强度的训练也让他的心性得到磨炼。经过刻苦的训练与大大小小的比赛，孙鸿胜飞速成长，开始向往更为广阔的天空。2016 年，孙鸿胜进入国家残疾人滑雪队。从泳池到高山，转变让好强的孙鸿胜跃跃欲试："我一直相信，机会是留给有准备的人的。"

在滑雪队，孙鸿胜遇到了前所未有的困难。

"因为我没有手臂，所以很难控制雪板和重心，在超高速情况下如果雪道不平稳，有时候单凭我的身体很难压住雪板，巨大的反弹力很容易让我失控。"孙鸿胜说，在滑雪时，由于没有双臂进行身体平衡，在进行飞跃动作时容易被侧风吹飞，摔倒甚至冲出赛道是家常便饭。

让一位无臂运动员参加高山滑雪，这对孙鸿胜的教练团队来说也是全新挑战。"因为教练之前也没有教过我这种类型的，我也是我这个级别唯一的一位无臂选手，所以教练想了很多办法来帮助我。"孙鸿胜介绍，为了锻炼雪上平衡能力，他需要双脚站在瑜伽球上，不仅要稳稳立住，教练还会朝他投掷足球和篮球，就是为了锻炼他在受到强大外力时保持重心的能力。

除此以外，教练还会用一两公斤重的球在孙鸿胜的肩膀上敲打，为他模拟高山滑雪回转项目中身体触碰旗门的感觉，克服没有双臂带来的不适应感。"很感谢我的教练团队，我给他们带来了许多难题，但他们一直都很耐心，没有他们我不可能来到冬残奥会。"孙鸿胜说，"除了我们自己的教练，每次比赛时，其他国家（地区）的教练和选手看到我后也会给我许多鼓励，这些都带给我很大的激励。"

2022 年 3 月 5 日，孙鸿胜参加残奥高山滑雪男子滑降（站姿）项目，以 1 分 28 秒滑完全程；6 日，他在男子超级大回转（站姿）比赛中再次顺利完赛。

"能从起点滑下来，我可激动了，以后不管我做什么，这次经历都会给我很大的鼓励。"孙鸿胜表示，能在中国举办的冬残奥会上顺利完赛，将是他这辈子最珍贵的记忆。

滑下陡峭的赛道，开启新的旅程。当孙鸿胜站在起点俯瞰群山的那一刻，爱与勇气让他"拥抱"了整个世界。

（新华社北京延庆 3 月 6 日电

新华社记者张睿、刘扬涛，参与记者：马邦杰、姚友明、张骁，

原标题：《在高山之上 "拥抱" 整个世界——记无臂运动员孙鸿胜》）

战胜困难，
战胜自我

——金博洋

我真的特别热爱花滑，一是热爱，二是责任。我希望能带动更多小朋友（参与），有更多人热爱花滑。

——金博洋

中国花样滑冰男子单人滑选手金博洋 2022 年 2 月 10 日就结束了个人北京冬奥会的全部比赛，但此后几天他依然随处可见，去各个项目场馆观赛、为队友加油、与外国运动员合影留念。

对于自己的"高活跃度"，金博洋解释说："我希望能在比完赛后，有更多精力去关注别的比赛，去了解更多运动员。不论成功与失败，我觉得都是美好的回忆，希望能有更多的回忆留在这届冬奥会，我觉得这是一件能让我回忆一辈子的幸福的事。"

2022 年 2 月 8 日，北京 2022 年冬奥会花样滑冰男子单人滑短节目比赛在首都体育馆举行。图为中国选手金博洋在比赛中。

新华社记者 李一博 摄

展现精神面貌，滑出最好的自己

难得能见到如此放松的金博洋，是因为他在赛前定下的目标都实现了，"一是能滑出自己最好的一面，二是能在祖国展现战胜自己的精神面貌，我觉得作为东道主选手是一个很好的回忆"。

在北京冬奥会备赛周期中，金博洋训练时跳跃动作的成功率很高，但到了大赛却状态一般，一度遭到很多质疑。但在北京冬奥会上，金博洋在自己的四场比赛中，一场比一场发挥得好，堪称"渐入佳境"。

对此，金博洋说："我觉得（之前的比赛中）可能心里太着急了，比赛时想打个漂亮的翻身仗，想成。不管怎么样，我就要完成所有的跳跃，但想的时候可能完全忽略了程序化执行动作，所以说感性大于理性了。但这次冬奥会，我在比赛中一点都不紧张，是用很轻松的状态去比赛，我觉得非常不可思议。"

金博洋说，四年来，最大的变化还是在心态。"在平时训练中，我觉得自己的竞技水平，包括技术动作一直都是最高水平的自己。但在平昌冬奥会之后，我感觉自己有责任为祖国而战，想法越来越多，想不断突破自己，反而给自己增加了无形的压力。在这四年中，我觉得自己变得更加成熟、更加理性，能在赛场上冷静思考，这种转变，我觉得非常好，也非常庆幸能在冬奥会上一下子就变成这种心理状态，我觉得是一件非常值得为自己鼓舞的事。"

战胜困难，战胜自我

在男单短节目和自由滑比赛结束后，金博洋两度泪洒冰场。"（流泪是因

2022 年 2 月 20 日，北京 2022 年冬奥会花样滑冰表演滑在首都体育馆举行。图为中国选手金博洋在表演滑中。

新华社记者 马宁 摄

为）感觉特别释放，想到了这四年的起起伏伏。这四年里，每天都在想，想训练的每个跳跃动作，想周围的场馆是什么样的，我滑的场地的大小，然后去对比，想首都体育馆的场地氛围，还有观众，包括自己成功的预案、失败的预案。"金博洋回想过去四年，感慨良多。

金博洋说，这四年中，最困难的时候，每天都睡不着，一直闭着眼睛但就是睡不着，从晚上 10 点到凌晨 4 点多，一闭眼全都是自己今天怎么没成功，特别担心的这种状态。"那一段时期，我觉得白天没有精力，晚上也睡不着，训练的时候也投入不进去，神经动员不起来，我觉得自己心里的那一关过不去。"

金博洋表示，最艰难的瞬间可能就是疫情开始之后的封闭训练，"因为教练的糖尿病比较严重，不可能每天在这里待着，实在坚持不了，从那个时候开始自己来训练。"

2021 年 10 月，金博洋被诊断得了阑尾炎。为了比赛，他选择保守治疗不做手术，两周里一下子瘦了 10 斤，身体消耗特别大。"我开始以为就是吃坏了肚子，所以没有第一时间跟队医说，队医也非常自责。我觉得每个人都特别辛苦，因为他们每天 24 小时准备着帮助你，这是一个团队的力量。"

种种艰难困苦没有击败金博洋，是因为他觉得"身边的人不断鼓励我、帮助我，让我相信自己有能力、有信心去完成比赛"。

源于热爱，源于责任

"我真的特别热爱花滑，一是热爱，二是责任。我希望能带动更多小朋友

（参与），有更多人热爱花滑。"金博洋说，看到日本、美国等队伍源源不断地涌现新面孔，心里特别不是滋味，觉得自己一个人来比赛真是特别难，压力也特别大。

"好几支队伍的梯队都是三个人，我作为唯一的中国队选手在冬奥会上跟他们一直拼，我希望能有更多的后备力量上来。我现在的想法就是想让全国人民知道，男子单人滑项目里金博洋一直在为大家展现自己最好的精神面貌，能够打动更多的人，打动更多的小朋友，让他们热爱花样滑冰，只有热爱的人才会更想参与花样滑冰，这样发展下去，不断地竞争，才会不断有好成绩，才能在赛场上有更多的新面孔。"

对于未来，金博洋的心里也是理性与感性的战争。"我不知道下一个四年会怎么样，因为偏理性地说，24 岁以后男子单人滑的竞技状态不会达到更高的水平。但我觉得自己心理更成熟，而且也非常热爱花滑，再就是很多运动员（继续坚持）的这种运动精神让我特别感动，所以我觉得下一个四年，我希望不管滑成什么样，我能够代表中国、能让大家知道男子单人滑还有一个人在拼。"

对滑雪上瘾，有好多个"冰墩墩"

为了花滑，这个爱笑爱玩的大男孩儿还有很多兴趣爱好还不能去实现。

"爱开卡丁车、爱骑摩托车，但因为要保护自己不受伤，所以这些东西都没有去尝试。"金博洋说，他还特别喜欢滑雪。

"我非常喜欢滑雪，两年前我穿上滑雪板往下一滑，就滑了一个多小时，特别上瘾，我也不知道为什么。有时候我就想以后不滑冰了，我要成为

2022 年 2 月 8 日，北京 2022 年
冬奥会花样滑冰男子单人滑短节目
比赛在首都体育馆举行。图为中
国选手金博洋在比赛中。

新华社记者 李一博 摄

滑雪运动员。我特别喜欢这种有速度、刺激的项目，能让自己的肾上腺素一下子提升起来。"

但是因为要训练，所以金博洋不太敢去滑雪，还要尽量避免受伤。"我觉得这是一种责任，为这届冬奥会，我每一天走每一个台阶都要去注意，不要受伤，能站在冬奥会的赛场上。"

虽然这届冬奥会金博洋没有站上领奖台，但也依旧可以被称为"人生赢家"，因为他有好多个"冰墩墩"。"我有 12 个各种各样的'冰墩墩'，其实冬奥村里也非常少，每天只能购买一个。但很多志愿者非常喜欢我，把他们自己的'冰墩墩'送给我，我非常感动。一小半是自己买的，一大半是别人给的。"

（新华社北京 2022 年 2 月 17 日电
新华社记者王春燕、李嘉，
原标题：《"作为东道主选手，值得回忆一辈子"——专访花滑"四周小王子"金博洋》）

岁月可摧
梦想不灭

——贾宗洋

不确定还要摔几次，但我确定下一次腾空，要比上一次更接近完美。

——贾宗洋

男子空中技巧决赛，贾宗洋再度出场。

在他之前，10 位选手已经完成了比赛，他排名第 7。只需要比自己第一跳 123.45 再多 0.09 分，他就将第三次留在冬奥会决赛最后一轮的赛场上。

只能成，不能败。

起滑、腾空、旋转，像千百次训练时一样，贾宗洋将自己抛向天空。直体后空翻一周加转体一周，接直体空翻一周加转体两周，再接直体空翻一周加转体一周。

2022 年 2 月 10 日，北京 2022 年冬奥会自由式滑雪空中技巧混合团体决赛在张家口赛区举行。图为中国队选手贾宗洋在比赛中。

新华社记者 费茂华 摄

2022 年 2 月 16 日，北京 2022 年冬奥会自由式滑雪男子空中技巧决赛在
张家口赛区举行。 图为中国选手贾宗洋在比赛中。

新华社记者 薛玉斌 摄

在零下二十多摄氏度的夜里，时间在这一刻仿佛被冻结，偌大的云顶滑雪公园静得出奇。现场所有人都屏住了呼吸，等待着贾宗洋能够完美落地。

紧接着，叹息声突然响彻云顶上空。贾宗洋再次失误了，落地时溅起的雪花似乎要将他吞没，滑向等待区的途中，他双手抱头，但这一次，没有痛苦地嘶吼。

他高举右手，向现场观众示意，眼里略带歉意，并没有眼泪。"对我自己来说，表现非常好，真的非常好，但是遗憾，肯定还是会有。"

是啊，怎么会没有遗憾，对一位"四朝元老"来说，他还有多少时间可以在冬奥会的赛场上继续去逐梦。

他站在场边，给最终决赛的每一位选手鼓掌。然而目光所及，都是对于空中技巧这个项目，对于冬奥会赛场的留恋。

当队友齐广璞难度 5.0 的动作平稳落地后，他疯狂为队友鼓掌。看到最终齐广璞拿到金牌，他热泪盈眶。

"真的很难去形容我的心情，我替我的队友感到高兴。"从徐梦桃到齐广璞，一起并肩作战的队友相继圆梦，他是真的替他们感到开心，因为没有人能够像他一样，对于一路走过来的艰辛有着如此不一般的感同身受。

他也渴望圆梦，以至于这种对于梦想的执着已经化作钢钉，成了他身体不可分割的一部分。

几天前的混合团体决赛，因为他的失误，中国队遗憾摘银，但随后他在 2015 年受伤时的一张 X 光片让人瞬间破防——两块钢板、22 颗钢钉，即使 7 年过去了，再看仍然触目惊心。

"现在拍 X 光片，还有 21 个钉眼能呈现出来。"时过境迁，那段不堪回首的苦难，在他眼里，只是"挺艰辛，挺难熬的"。

"腿里打了这么多钢钉，对做动作有影响吗？"

"阴天下雨天，关节有一些不太舒服，但都习惯了。"每当有人问他，他总是这样轻描淡写地回答。

图为贾宗洋左腿受伤后的 X 光片。 他带着 22 根钢钉参加 2018 年平昌冬奥会并拿了银牌。
新华社发

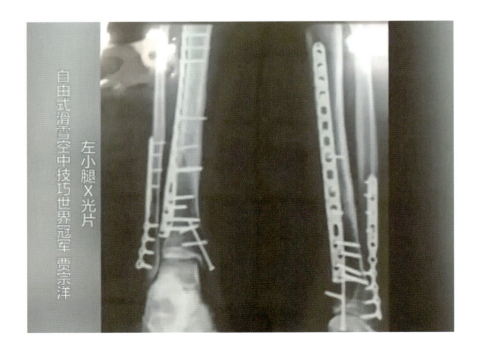

2022 年 2 月 16 日，北京 2022 年冬奥会自由式滑雪男子空中技巧决赛在张家口赛区举行。图为中国选手贾宗洋在比赛中。

新华社记者 许畅 摄

历经三次手术，直到 2017 年的冬天，他的训练才真正步入正轨。在这期间，他没有任何成绩，他不知道，伤愈复出，还有没有王者归来。

平昌冬奥会前，在云顶滑雪公园进行的世界杯分站赛，他时隔三年再次站上最高领奖台。这一刻，他才终于从长期的伤病阴霾中走出来。

"我证明了，我自己还可以。"铁汉也有柔情时，他说那天他哭了，眼泪是为自己而流。

随后的平昌冬奥会，他顺利闯入最终的决赛。因现场风速、风向的原因，压轴登场的他足足等待了一分多钟才出发。对于常人而言，这是何其煎熬，但他却无比享受。因为他知道，他几乎是拼了命，才有机会最终站在这里。

他享受比赛的心态，也为他带来了好运。那一跳他完美落地，虽然最终还是以 0.46 分之差与金牌失之交臂，但他已没有遗憾。"在我小腿受伤的时候，其实我也很难想象我还能够再次回到冬奥会的赛场，所以对我来说，能够站上领奖台是非常幸运的。"

"不确定还要摔几次，但我确定下一次腾空，要比上一次更接近完美。"这是他对待比赛的态度。从起滑到落地，一套完整的空中技巧动作不过区区几十秒。他拼尽全力，只为不留遗憾。

因为伤病，他变成了人们口中的"钢铁侠"，但在赛场之外，他却不想以"苦大仇深"的形象示人。戴好头盔，护目镜，穿上各种护具，他是男子自由式滑雪空中技巧两枚冬奥会奖牌获得者，脱下装备，他是"博主"，也是"段子手"。

有人夸他眼睛自带美瞳线，他自夸式地调侃道："纯素颜，逼真，自然美，用我们东北话叫浓眉大眼，双眼爆皮。"

他还主动爆料，自己虽然是滑雪项目的世界冠军，但其实根本不会滑雪。"因为空中技巧比的是运动员在空中的技巧展示和落地，我的项目精华部分都是在空中，就像是一个蹦床运动员，他在空中确实很牛，但他不一定会跑酷吧？"类似这样的分享，还有很多，让人忍俊不禁。

2022 年 3 月 1 日，贾宗洋迎来自己 31 岁的生日。在自己的第四届冬奥会上，虽然没能迎来和徐梦桃、齐广璞一样的圆满结局，但他还是愿意把这段逐梦的旅程总结为"荣幸大过遗憾"。

诚然，奥林匹克从来就不止于冠军。对于贾宗洋来说，也不必怀着惋惜、悲壮的情绪。毕竟，极限永远存在，但挑战的勇气却不可或缺。

踏遍风雪，数度凌冬，满载理想，老将仍然在路上。

（新华社河北崇礼 2022 年 2 月 16 日电
新华社记者夏亮、朱青、杨帆，
原标题：《贾宗洋：岁月可摧 梦想不灭》）

突破，
无论一路繁花或寂寞

——王诗玥 / 柳鑫宇

我们的目标其实不止第 12 名，我们希望能达到世界前十，这也是我们说了好几年的话，如果还能继续参加下一届冬奥会，我觉得我们俩会突破前十。

——王诗玥

一曲终了，王诗玥和柳鑫宇跪在冰面上紧紧相拥。女孩儿忍不住流下热泪，男孩儿用拥抱安慰着她。随后，他们起身向看台上的观众挥手致意，激动的情绪难以抑制。

最终，这对中国组合在北京冬奥会花样滑冰项目的冰舞比赛中获得第 12 名。

这看似平平无奇的第 12 名，是中国冰舞在冬奥会上的最好战绩。上一个历史最佳战绩还要追溯到 30 年前：韩冰 / 杨晖于 1992 年在阿尔贝维尔冬奥会上获得的第 18 名。

2022 年 2 月 14 日，北京 2022 年冬奥会花样滑冰冰上舞蹈自由舞比赛在首都体育馆举行。图为中国选手王诗玥（左）和柳鑫宇在比赛中。

新华社记者 马宁 摄

尽管不能登上领奖台，但这一成绩依旧弥足珍贵。王诗玥 /
柳鑫宇在为中国冰舞取得一次又一次突破的过程中，一路备
尝艰辛，也一路甘于寂寞。

艰难

在中国，冰舞起步时间晚、关注度低是个不争的事实。甚
至在北京冬奥会花滑团体赛结束后，还有中国记者在混合采
访区问他们冰舞与双人滑的区别。

"习惯了，毕竟中国的冰舞水平与欧美的差距还非常大。"柳
鑫宇耐心地说。

王诗玥与柳鑫宇此前分别练单人滑，但成绩并不出众，在
遇到教练黄桂玉后，才开始搭档改练冰舞，走上一条新的
道路。

2015 年在上海举行的花样滑冰世锦赛上，王诗玥 / 柳鑫宇以
总分 128.77 分排在第 19 位，结束两人的首次世锦赛之旅。

那是他俩第一次如此深刻地体会到，中国冰舞与世界领先水
平的巨大差距。"我们没想到这次成绩这么糟糕。希望以后
能够多参加国际比赛，给裁判们留下深刻印象。"王诗玥说。

两年后，在日本札幌亚冬会花样滑冰冰舞自由舞比赛中，王
诗玥 / 柳鑫宇获得 98.26 分，以 164.28 分的总分战胜东道主
选手村元哉中 / 里德，获得金牌。当时，王诗玥的膝盖不慎

2022 年 2 月 14 日，北京 2022 年冬奥会花样滑冰冰上舞蹈自由舞比赛在首都体育馆举行。中国选手王诗玥（右）和柳鑫宇在比赛中。

新华社记者 徐子鉴 摄

被冰刀划伤缝了三针，自由舞比赛能够顺利完成并最终获得金牌实属不易。

2018 年平昌冬奥会，尽管已经尽力，但他俩在韵律舞的表演中最终名列第 22，根据比赛规则无法晋级自由舞比赛，他们的首次冬奥之旅就这样结束了。

当时只有 23 岁的王诗玥流下眼泪，伤心又委屈。她说："我们真的很希望把两套节目都在平昌展示出来，没能做到很遗憾。"

逐梦

突破出现在他们走出国门、来到高手如林的"加拿大饺子馆"之后。位于加拿大蒙特利尔的国际滑冰学校堪称目前世界上最大的冰舞训练基地，因为在那里训练的人太多了，因此被中国冰迷起了个"饺子馆"的外号。

蒙特利尔国际滑冰学校的负责人帕特里斯·劳宗是加拿大人，运动员时期他与自己的舞伴取得了辉煌战绩，获得过两次世锦赛银牌，并在四大洲锦标赛上获得冠军。退役后，这对加拿大冰舞组合在蒙特利尔开办的滑冰学校，堪称"冰舞高手加工厂"。

本届冬奥会上，全部 23 对参加冰舞比赛的选手中，有 11 对跟随劳宗训练，其中的 10 对选手顺利晋级自由舞比赛，这当中就包括冠军组合帕帕达吉斯 / 西泽龙。

"刚去加拿大的时候，我们也很不相信自己，非常迷茫、特别不自信。但后来整个团队给了我们力量和自信，帮助我们成长。"王诗玥说。

劳宗在 2019 年接受新华社记者采访时就认为这对中国组合很有潜力，"世界前十是很有可能的，我要做的就是帮助他们发挥自己的优势"。

王诗玥说："后来我们发现原来可以。可能我们起步晚一些，但是我们相信通过后天努力可以追得上来。"

由于疫情影响，王诗玥 / 柳鑫宇从 2020 年起只能通过视频连线的方式与加拿大教练组沟通、训练，效果相较以前大打折扣。

"通过视频上'网课'，非常影响效率，以前可能两节课就学会的东西，

2022 年 2 月 14 日，北京 2022 年冬奥会花样滑冰冰上舞蹈自由舞比赛在首都体育馆举行。图为中国选手王诗玥（左）和柳鑫宇在比赛中。

新华社记者 曹灿 摄

通过视频需要两周甚至更久的时间才能掌握。"柳鑫宇说。

王诗玥也说："我们在加拿大训练状态非常好，但通过视频学习非常困难，我都觉得可能全国冠军都保不住了，时不时地情绪上来了就会崩溃一下。"

北京冬奥会是王诗玥／柳鑫宇的第二届冬奥会，也是他们时隔两年重返世界大赛的舞台。相比紧张，他们更多的情绪是兴奋和激动，因为"太想念赛场了"。

2022 年 2 月 14 日，北京 2022 年冬奥会花样滑冰冰上舞蹈自由舞比赛在首都体育馆举行。图为中国选手王诗玥（右）和柳鑫宇在比赛中。

新华社记者 徐子鉴 摄

展望

北京冬奥会上，王诗玥/柳鑫宇一共比了四场。他们先是在团体赛中凭借刷新自己韵律舞赛季最佳的成绩，拿到 6 个积分，为中国队首次晋级团体赛下一轮立下汗马功劳；随后又在团体赛中首次展示了自己的"中国风"自由舞，这也是他们第一次在奥运会赛场上表演自由舞。随后在单项赛中，他们的韵律舞和自由舞分别得到 73.41 分和 111.01 分，并最终获得第 12 名。

尽管创造了中国冰舞在冬奥会上的最好成绩，但他们自己的目标其实更高。"我们的目标其实不止第 12 名，我们希望能达到世界前十，这也是我们说了好几年的话，如果还能继续参加下一届冬奥会，我觉得我们俩会突破前十。"王诗玥说。

不止期待自己的下一届冬奥会，王诗玥和柳鑫宇对中国冰舞的未来也充满信心。"现在冰舞的后备力量还比较充足，只不过中国、甚至亚洲的冰舞，实力还是不够强，毕竟起步也比较晚。"王诗玥说，现在感觉到年轻队员们已经上了一个台阶了。

柳鑫宇说："虽然我们现在不是世界最顶尖的选手，但是我们愿意去尝试、去突破。 就像咱们的短跑运动员苏炳添一样，我们想把中国甚至亚洲的冰舞带到更高位置。"

"只有通过我们自己的努力才能让大家认识到我们，大家才会对这个项目感兴趣。 这样源源不断地走下去，我觉得咱们的后备力量一定会非常强。"王诗玥说。

一路寂寞之后，王诗玥与柳鑫宇期待未来一路繁花。

（新华社北京 2022 年 2 月 14 日电
新华社记者王春燕、乐文婉、张寒，
原标题：《突破，无论一路繁花或寂寞——记中国冰舞组合王诗玥 / 柳鑫宇》）

坚韧蓄力
书写历史

——郭雨洁

我只是告诉自己努力去滑，不要辜负自己的期望。

——郭雨洁

冲线前最后 100 多米，全场观众齐呼"冠军加油"，右手持杖的郭雨洁越滑越快。冲线后她累倒躺在地上大口喘气，粗黑的麻花辫压在雪地上，起身后她拥抱队友，身体纤细但力量感十足。

2022 年 3 月 5 日，北京冬残奥会首个比赛日，在张家口赛区国家冬季两项中心举行的残奥冬季两项女子短距离（站姿）比赛中，中国体育代表团开幕式旗手郭雨洁收获金牌。

当天中国代表团在延庆赛区和张家口赛区多点开花，实现冬残奥会历史性突破。队友刘子旭率先争金之后，还差 10 多

2022 年 3 月 5 日，北京 2022 年冬残奥会残奥冬季两项女子短距离站姿比赛在国家冬季两项中心举行。中国选手郭雨洁夺冠。图为中国选手郭雨洁在比赛中。

新华社记者 杨冠宇 摄

天就满 18 岁的郭雨洁凭借这枚金牌再书历史——中国首枚冬残奥会女子个人项目金牌、首枚女子雪上项目金牌。

赛后在混合采访区，聚集了很多想要采访郭雨洁的国内外媒体，但赛前估计大家都没想到，这个接受专业滑雪训练不到 7 年的姑娘，能拿到这枚对中国队来说意义非凡的金牌。

2004 年 3 月，郭雨洁出生在张家口尚义县南壕堑镇一个普通家庭，父母靠打工和务农为生。左手先天性残疾的她，在运动方面拥有很高天分，曾成功通过河北省体操和游泳项目选拔。但当时父母出于年龄和学业的考虑，没有让她离家。

"雨洁从小很聪明，学习成绩好，尤其是写作能力很棒。当时我觉得她太小，但是闺女说'自己特别想去国家队'，张家口市残联的负责人也来给我们做工作，我想了想，最终同意了。"母亲岳平说。

北京冬残奥会申办成功，让郭雨洁迎来了新的人生契机。2015 年冬天，郭雨洁由张家口市残联组织参加了国家滑雪队在崇礼进行的选拔，从没滑过雪的她，在几天集中练习后就得到教练认可入选。

随后几年间，郭雨洁经历过很多运动员都经历过的事情：刻苦训练，遭遇伤病，坚韧蓄力，成功复出。2021 年在芬兰举办的欧洲杯冬季两项女子短距离（站姿）比赛上，她拿到第三名；全国第十一届残运会暨第八届特奥会越野滑雪和冬季两项比赛上，她揽获 3 金 3 银。

时光不负追梦人。在妈妈眼里这个"总会跟自己较劲"的小姑娘，从全国冠军到奥运冠军只差一步，终于，郭雨洁等来了北京冬残奥会。

"参加滑雪训练的这几年里，我只想着好好训练，我没有登上过世界大赛的领奖台，也没比过几次世界大赛，所以不知道和世界一流选手水平差多少。我只是告诉自己努力去滑，不要辜负自己的期望。"赛后郭雨洁接受采访时说。

当天比赛半程过后郭雨洁就握有领先，完成第二轮射击后，她总成绩领先当时的第二名波兰选手 19 秒之多。随后她冲过 5 公里计时点，稳步冲刺，实力超群。

赛场边一阵大风过后，郭雨洁调整好身上披着的五星红旗，在记者面前将戴着金色麦穗的"雪容融"塞进衣服领子，好让吉祥物和自己一起接受采访，然后端正站好，开始发言。

"对于今天的比赛，之前目标是射击好，平平安安完赛。第一次参加冬残奥会，不会给自己设定太高目标，没有想到会拿第一，觉得能进前三就挺好的。"

"最后阶段在赛道上，确定自己是第一的时候，心里就想，稳了稳了，但也没有激动到哭出来，可能回去跟我妈一打视频，就哭了吧。"郭雨洁说。

比赛之外，能作为中国代表团旗手出现在北京冬残奥会开幕式上，让郭雨洁非常兴奋。"作为一名旗手，昨晚一进到开幕式现场，哇，那个场面我没见识过。我右手拽着国旗，一边看着队友，稳稳往前走。那么大的场面，真的第一次见。"

（新华社河北崇礼 2022 年 3 月 5 日电
新华社记者杨帆、郭雅茹、朱青，
原标题：《郭雨洁：坚韧蓄力 书写历史》）

2022 年 3 月 5 日，北京 2022 年冬残奥会残奥冬季两项男子短距离（坐姿）比赛在国家冬季两项中心举行。图为中国选手刘梦涛在比赛中。

新华社记者 薛宇舸 摄

冬季两项
『动如脱兔、静如处子』

冬季两项起源于北欧，据传最初是人们冬季的滑雪狩猎活动，后来成为军事训练科目，但直到 1960 年第八届冬奥会才成为比赛项目。

由于冬季两项融合了越野滑雪与射击两个项目，选手要在滑行途中射击，且需要在最短时间内完成，既要速度又要准度，可以说最能体验"动如脱兔、静如处子"的境界。

这个项目的运动员一般要先学滑雪再练射击，前者是基础，因为最长要面对 20 公里的漫漫征途，选手长时间高负荷滑行，可体验滑雪之速度与激情，但尽可能在短时间内击中更多靶标的射击更关键，因其偶然性同样刺激，需要迅速切换到"心如止水"的状态，毕竟射击要求让子弹飞得更准一些。

比赛中，运动员滑雪时背着不少于 3.5 千克的步枪，先滑行一段距离，然后在靶场停下，以卧姿或立姿射击 50 米以外的 5 个靶标，每脱一靶，选手要么加罚一圈 150 米的滑雪，要么在最终成绩上增加一分钟时间。

据了解，冬季两项比赛跌宕起伏，其核心就是动静转换的微妙，高手都是在放松状态下进入射击场，从心脏嘭嘭跳的高度紧张状态，快速平复呼吸和心率，寻找呼吸间隙或者两次心跳之间的最佳射击时间点，一击命中。当然如何从射击状态进入高速滑雪也是冬季两项选手的必备能力之一。

挪威、德国、俄罗斯、美国、罗马尼亚等是该项目的佼佼者。我国起步较晚，且长期"冰强雪弱"，1980 年才有选手参加第 13 届冬奥会该项目比赛。北京冬奥会上，我国冬季两项国家集

2022年3月8日，中国选手刘梦涛获得北京2022年冬残奥会冬季两项男子中距离（坐姿）比赛金牌，赛后刘梦涛说："到最后已经要筋疲力尽时，我也没停下，就一直滑。我想为国争光，想让国旗（在颁奖时）在最高处。"图为刘梦涛在比赛中冲刺。

新华社记者　万象　摄

训队共获得了 4 男 4 女 8 个席位。

从高速滑雪之动，到慢悠悠射击之静，"快与慢""动与静"看似泾渭分明，实则颇具哲理，需要两者相辅相成，一举一动间决定着比赛走势，在这动静、快慢之间，谁能无缝衔接、自由且极致地切换，谁就能笑到最后，无疑，那些自控力、稳定性更强的运动员往往更有望主宰比赛。

（新华社济南 2022 年 1 月 20 日电

新华社记者吴书光、郭雅茹，

原标题：《你不知道的冬奥事：从冬季两项理解"动如脱兔、静如处子"》）

生活从来不会辜负努力坚持的自己

——刘子旭

快到终点处的一个趔趄让现场观众们为领先的刘子旭捏了把汗。只见他迅速调整，稳住身体，在风中坚持到底，收获了中国代表团在北京冬残奥会的首枚金牌。

对训练将满 5 年的刘子旭来说，这枚金牌是自己努力坚持得到的最好回馈。"我把自己的水平发挥出来了，专心比赛，别的没想太多。"刘子旭说。

1997 年 8 月，刘子旭出生在陕西省西安市。2008 年，在经历了一场突如其来的车祸后，刘子旭单侧下肢截肢，只能靠轮椅和拐杖行动。那时，他一度陷入了无助与无奈中。

改变发生在 2013 年,这一年年底,16 岁的刘子旭被陕西省残联射箭队选中。"这次机会来之不易,让我重燃斗志,也是我运动生涯的开始。"刘子旭说。

由于对射箭项目的陌生与不自信,刚开始,刘子旭常常怀疑自己不适合这项运动。"很感谢我的教练和老师,有了他们的悉心教诲,经过半年刻苦训练,我喜欢上了射箭,成绩也有了较大进步。"

2017 年,得知国家残疾人越野滑雪队正在选拔运动员后,怀着对滑雪运动的向往,刘子旭凭借过硬的身体素质通过了层层筛选,在 2017 年 10 月正式加入残疾人越野滑雪和冬季两项国家集训队。在经历了不到两个月的训练后,刘子旭参加了在黑龙江亚布力举办的 2017 年全国残疾人越野滑雪锦标赛。

对刘子旭来说,曾经最难接受的是自己明明很努力了但还是没别人快。"一次次在风雪中摔倒再爬起来继续训练,一次次双手冻僵继续坚持滑行,尽管脸上、衣服上的汗水已经结成冰块,眼睫毛上已经结了厚厚的冰霜,但我不能停下。只有不懈努力,不遗余力向前奔,才有机会站在顶峰。"刘子旭说。

在此后的比赛中,刘子旭的成绩不断进步。2021 年 12 月,在芬兰举行的残疾人北欧滑雪欧洲杯大赛中,刘子旭取得了冬季两项第一名的好成绩,同时拿到了北京冬残奥会残奥冬季两项的参赛资格。

2022 年 2 月 25 日,刘子旭跟随中国残疾人越野滑雪和冬季两项队,离开甘肃白银国家雪上项目训练基地,结束了为期 55 天的集训,出征北京冬残奥会。

2022年3月11日，北京2022年冬残奥会残奥冬季两项男子长距离（坐姿）比赛在河北张家口国家冬季两项中心举行。图为中国选手刘子旭在比赛后。他最终获得季军。

新华社记者 薛宇舸 摄

3月5日，在北京冬残奥会残奥冬季两项男子短距离（坐姿）比赛中，刘子旭获得冠军。

"我挺满意今天的发挥。这一路虽然充满了艰辛，但也正是种种挫折和磨炼造就了现在的自己。后面的比赛，我会尽力发挥出自己的水平。我一直坚信生活从来不会辜负一个努力坚持的自己。"刘子旭说。

征服癌症
浴火重生
——加拿大选手帕罗特

12 次化疗是我经历过的最艰难的事情，这绝对会让人的精神更加强大。

——马克斯·帕罗特

2022 年 2 月 7 日，加拿大选手马克斯·帕罗特夺得北京冬奥会单板滑雪男子坡面障碍技巧决赛冠军。他不仅战胜了包括苏翊鸣在内的各路好手，更战胜了自己身上的病魔。

对这位加拿大名将而言，能够重新站上滑雪道，就已经是一个奇迹。2018 年平昌冬奥会后他不幸确诊癌症，整个 2019 年，帕罗特 12 次接受化疗。

帕罗特说："当时的我不知道未来会怎样，肌肉开始萎缩，我根本没有力气。我一直在祈祷，能够让自己再一次在雪中驾驭雪板。这是我人生最艰难的时刻，不要说在冬奥会

2022年2月7日，北京2022年冬奥会单板滑雪项目男子坡面障碍技巧决赛在张家口云顶滑雪公园举行。图为加拿大选手马克斯·帕罗特在颁发纪念品仪式上。

新华社记者 吴壮 摄

上获得金牌，就是再次回到赛场都很难想象。"

但他没有放弃。他在自己的社交媒体上天天写日记，和网友分享自己的抗癌过程。在 2019 年年底，帕罗特战胜了病魔，重返自己最心爱的滑雪场。

"12 次化疗是我经历过的最艰难的事情，这绝对会让人的精神更加强大。"他说。

癌症对帕罗特来说就像是一场噩梦，很长一段时间内没法训练。2021 年夏季之前，帕罗特才开始恢复训练。回到滑雪场的他始终带着感激的心。

27 岁的帕罗特表示："癌症改变了自己，以前看一些事情觉得就是理所当然，但现在对待每件事都是心怀感激。"

"每次我把脚绑在滑雪板上，都比以前更感激它。我现在笑得更多了，一切都更积极了，压力也更小了，现在能够比赛就是一种享受。"他坦言，摆脱了压力让自己滑得更好，正是这种享受和放松的心态让他发挥得更好。

浴火重生，强势归来。如今，帕罗特已是第三次参加冬奥会，在北京冬奥会上，帕罗特在第二轮比赛中获得了全场最高的 90.96 分，终于获得了奥运金牌。

出生于加拿大魁北克省滑雪胜地布罗蒙的帕罗特，在 2018 年前，他的生涯看起来是那么顺利，他 3 岁就在父亲的带领下开始滑雪，17 岁开始崭露头角，2018 年他在平昌冬奥会获得单板滑雪坡面障碍技巧项目的银牌，然而，不幸的消息在这时袭来。

2022 年 2 月 15 日，北京 2022 年冬奥会单板滑雪男子大跳台决赛在北京
首钢滑雪大跳台举行。 中国选手苏翊鸣夺得金牌。 图为中国选手苏翊鸣
（左）和加拿大选手马克斯·帕罗特在颁发纪念品仪式上。

新华社记者 黄宗治 摄

正是曾经的不幸，让他对生活和单板滑雪有了全新的认识。"比赛中只要尽最大的努力去完成你想做的动作，然后享受单板滑雪的快乐，这才是最重要的。"

（新华社河北崇礼 2022 年 2 月 7 日电

新华社记者刘博、郑直、杨恺，

原标题：《征服癌症的冬奥冠军帕罗特》）

2022 年 2 月 7 日，北京 2022 年冬奥会单板滑雪项目男子坡面障碍技巧决赛在张家口云顶滑雪公园举行。图为加拿大选手马克斯·帕罗特在比赛中。

新华社记者 吴壮 摄

她在重新学会走路后，奔向赛场

——美国选手汉娜·霍尔沃森

散步、开车、品尝美食……如果没有发生那场事故，我不会对这些很平常的事情有特别感觉，但现在不一样了，我意识到要珍惜生活赋予的每一天。

——汉娜·霍尔沃森

两年前，汉娜·霍尔沃森还躺在病床上，不知道此生能否再正常走路。

2022年2月8日，她出现在了北京冬奥会越野滑雪女子个人短距离（自由技术）资格赛中。23岁的汉娜在自己的冬奥首秀中获得第43名，无缘晋级。但与同场竞技的其他人相比，这位美国姑娘为了今天付出了更多。

"我为自己能走到这一步感到自豪，这并不是我最好的成绩，但今天能在奥运赛场上竞技，我就感到很满意！"她在赛后对记者说。

2022 年 2 月 8 日，美国选手汉娜·霍尔沃森在北京冬奥会越野滑雪女子个人短距离（自由技术）资格赛中。

新华社记者 胡虎虎 摄

2019 年末，一场严重的交通事故让汉娜的职业生涯暂时中止。因为伤及脑部，现在的她依旧无法回忆起所有细节，只是从目击者的口中得知：自己在过马路时被一辆吉普车撞倒。

头骨骨折、胫骨骨折、左膝关节内侧副韧带和后副韧带完全撕裂……汉娜回忆："由于大脑还在出血，我当时甚至有一个半月都无法进行手术。"

"还能继续滑雪吗？"

虽然很多人都在宽慰汉娜，但她心里清楚，在别人眼中，自己刚起步的职业生涯大抵是要结束了。

从车祸中逐渐平复后的她，却仍在考虑参加冬奥会。因为从 12 岁起，这就是她的目标。

汉娜出生于一个酷爱运动的美国家庭，自幼运动天赋出众。两岁时，她就被父母带上雪场，11 岁开始参加各项越野滑雪赛事。

"我小时候参加过很多运动，足球、网球、体操和攀岩等。"她说，"后来选择专注于越野滑雪，因为我认为自己是有希望参加冬奥会的。"

然而，要从严重伤病中康复，并且重回世界一流运动员的行列，难度可想而知。

汉娜首先要学会的是如何走路。

"那时我付出了很大努力，但每天的进步却很小。"她说，大约过了半年后，她才能一次性跑半分钟，而头部的伤势则给她带来了更多困扰。

彼时，让她坚持下去的理由，还是那个冬奥梦。"我想如果我能参加冬奥会，那一切都圆满了，未来也都会变得更好。"她说，"但还有更多现实挑战摆在眼前。"

身体恢复尚有康复训练师给予指导，巨大的心理压力则只能依靠自己缓解。

脑部遭遇创伤后，汉娜的味觉和嗅觉出现不同程度的损失。"当我压力过大、训练过多时，我就会感到眩晕甚至头痛，会变得非常情绪化，我不得不同这些症状做斗争。"她说，"我又该如何和那些水平本来就比我高，而且没经历过我这般不幸的人同场竞争？"

无论如何，生活仍在继续。

在某些方面，汉娜认为这段不幸帮助她迅速成熟。今年23岁的她说："现在我每天的精力都是有限的，必须让每一次训练发挥出作用，这让我更加专注认真，成为一名更好的滑雪运动员。"

经过一年多的康复后，汉娜在2020年底重回国际赛场，一步步找回了状态。

2021年12月，她在越野滑雪世界杯女子个人短距离（自由技术）比赛中获得第七名，这也是她职业生涯的最佳成绩，随后又获得北京冬奥会的参赛资格。

"在那场事故前，我以为我可能需要10年的比赛积累才能达到这个成绩。"她说。

如今的汉娜，更加珍惜眼前的一切。她开始参与帮助那些有类似遭遇的人，希望他们能够从阴影中走出来，参与并享受运动。

"散步、开车、品尝美食……如果没有发生那场事故，我不会对这些很平常的事情有特别感觉，但现在不一样了，我意识到要珍惜生活赋予的每一天。"她说。

（新华社河北崇礼2022年2月9日电
新华社记者孙哲、胡虎虎，
原标题：《她在重新学会走路后，奔向冬奥首秀赛场》）

2022年2月19日，北京2022年冬奥会越野滑雪男子50公里集体出发（自由技术）比赛在国家越野滑雪中心举行。因大风天气原因，赛程缩短至30公里。图为参赛选手在比赛中。

新华社记者 胡虎虎 摄

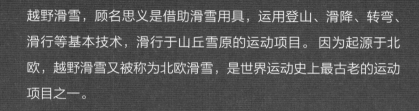

越野滑雪

『雪上马拉松』

越野滑雪，顾名思义是借助滑雪用具，运用登山、滑降、转弯、滑行等基本技术，滑行于山丘雪原的运动项目。因为起源于北欧，越野滑雪又被称为北欧滑雪，是世界运动史上最古老的运动项目之一。

1924 年，越野滑雪被列入首届冬奥会比赛项目。时至今日，设有男子与女子项目，当中分为传统式、自由式、竞速、混合追逐以及接力赛，最先到达终点的则为优胜者。被称为"雪上马拉松"的越野滑雪与夏季奥运会中的马拉松因为比赛里程长，有相似之处，又因下设 12 个小项，也有不同。

越野滑雪对运动员体力要求很高，终点冲刺竞争激烈，经常看到有人摔倒在地。但并不是每一次摔倒都是体力不支，它还会被用作撞线战术使用。

这是越野滑雪技战术较量的一个缩影。从比赛出发方式看，分为间隔出发和集体出发，而传统技术、自由技术和不同距离、不同人数的组合构成了越野滑雪的项目群，比赛线路要求上坡、下坡和平地各约占三分之一。

雪板打蜡是越野滑雪赛事、训练中的一项必要服务，可以帮助运动员在雪面滑行时获得适宜的摩擦阻力，从而节省体力、提升竞技水平、取得优异成绩。本届冬奥会上，国产雪蜡车将首次投入使用，这辆长 20 多米的厢体卡车整车，涉及新能源动力、光伏发电、5G 等多项技术，具有绿色环保、智能化程度高、车体空间大等特点，车厢内的六个打蜡操作台，可供六名打蜡师同时为雪板打蜡。

（新华社乌鲁木齐 2022 年 1 月 20 日电
新华社记者黄浩然、孙哲，
原标题：《你不知道的冬奥事：越野滑雪，为何被称作"雪上马拉松"？》）

团队的力量

一吼风雷动
王师踏冰来

——冬奥短道速滑混合团体接力中国队夺冠

我永远都相信团队，从我进了国家队那天开始，我就永远相信队友。

——范可新

当冰刀的刀尖冲过终点的时候，武大靖挥舞右手，纵情怒吼。首都体育馆泛起"中国红"的海浪，宛如惊涛拍打白色的冰面，久久不能平息……

一吼风雷动，王师踏冰来！

2022 年 2 月 5 日晚，中国短道速滑队在混合团体接力决赛中，以 2 分 37 秒 348 为中国军团拿下北京冬奥会首金。这也是这一新增项目的奥运历史首金。

2022 年 2 月 5 日，在首都体育馆举行的北京 2022 年
冬奥会短道速滑项目混合团体接力决赛中，中国队夺
得冠军。图为中国队选手在比赛后庆祝。

新华社记者 熊琦 摄

虽一波三折　但团结一心

比赛全程一波三折，惊心动魄。

四分之一决赛中，范可新、曲春雨、任子威和武大靖一路领先，顺利晋级。半决赛，主教练金善台主动变阵，用张雨婷替换了范可新。比赛中，中国队遭遇阻挡未能进入前两名。比赛结束后，全场一片寂静，紧张地等候裁判的裁决。中国选手紧紧站在一起，互相说着鼓励的话。裁判最终判定美国队和俄罗斯奥委会队犯规，中国队和匈牙利队跻身决赛。

决赛中，匈牙利队和加拿大队因摔倒双双退出冠军争夺，一度大幅领先的中国队在最后两圈险些被意大利队追赶上。最后关头，平昌冬奥会冠军武大靖奋力守住领先位置，"一刀"制胜。

"比赛有起伏波折，赢下来挺不容易的。当时（半决赛）我们也在等结果，我们也不知道情况，但大家就互相鼓励着，我们做好决赛的心理准备。我们不会认怂，不会服输，更不会放弃。"武大靖赛后说。

在范可新看来，能赢下来，关键就是团队精神。"团队、团结，做好我们自己的每一步。即便我们等判罚结果的时候，我们也时刻准备着，因为我们坚信，一定能战斗到最后一刻。"范可新哽咽着说，"我永远都相信团队，从我进了国家队那天开始，我就永远相信队友。"

团结，这正是破冰决胜的力量！

2022 年 2 月 5 日，中国队选手范可新（前）在北京 2022 年冬奥会短道速滑项目混合团体接力决赛中。

新华社记者 兰红光 摄

"哒、哒、哒"，锋利的冰刀寒光四射，有力地砸在洁白的冰面上，留下一道道印迹。这样的动作重复千万次，胜利的信念重复千万次，则精诚所至，金石为开。

宝剑磨砺出 　王者苦寒来

如果说中国体育代表团是一位勇士，那短道速滑队无疑是勇士手中的那把

"利剑"，剑锋所指，傲视群雄。

作为中国冰雪运动的"王者之师"，短道队曾涌现出杨扬、王濛、周洋、武大靖等奥运冠军，永争第一的决心融入这支队伍的血脉里。

中国滑冰协会主席、前中国短道队主教练李琰，在 1988 年卡尔加里冬奥会上夺得女子 1000 米金牌。但彼时，短道速滑还只是表演项目。

草蛇灰线，伏脉千里。34 年前的这枚表演赛金牌，为中国短道速滑队日后的崛起种下了希望的种子。

1998 年长野冬奥会，李佳军以"刀尖之差"，获得男子 1000 米银牌。这位中国首枚男子冬奥会奖牌获得者，既有与金牌失之交臂的遗憾，但更看到了未来的希望，"与奥运冠军，我们只差了一个刀尖"。

2002 年，美国盐湖城，杨扬连夺女子 500 米和 1000 米两枚金牌，正式宣告中国短道速滑队站上奥林匹克之巅。

从那时起，每一届冬奥会，中国短道速滑队都有金牌入账。金牌的背后，是一代又一代短道人的不懈奋斗。"脑子里什么都不想，就是往前，一往无前！"任子威赛后的话语掷地有声。

四年前的平昌冬奥会，当国人为短道队捏一把汗的时候，武大靖站了出来。这位"冰上尖刀"斩获男子 500 米金牌，也终于刺穿了中国短道速滑男子奥运冠军那层厚厚的窗户纸。

2022 年 2 月 5 日，北京，首都体育馆。范可新哭了，武大靖哽咽了，伤病、疫情、年龄、状态……他们扛着所有的压力和期望走到了最后。

这四年的坚守，这四年的磨砺，汇聚成一句话"中国是冠军"！

冬奥会历史上的首枚混合团体接力金牌，在武大靖的挥臂怒吼中，在全场的红色浪潮中，镌刻下"中国"二字，永留史册。

由来万夫勇　挟此生雄风

首都体育馆，全场欢呼；中华大地上，全民欢呼。

武大靖赛后说："从平昌到北京，虽然金牌都一样，但意义不一样。在平昌我只是激动，但在北京，不仅是激动，更具有意义！这是我们'开头炮'，打响了，让我们更加期待后面的比赛，中国健儿们再传捷报。"

这不仅是短道速滑队的胜利，也是中国冬奥代表团的"开门红"！它如同一声嘹亮的冲锋号，激励着出征的中国健儿。

这届中国代表团，出征就已创造了历史。在北京携手张家口申办冬奥会成功时，冬奥会的 109 个小项中，大约有三分之一的项目中国此前从未开展过。中国冰雪人用 6 年多的拼搏奋进实现了飞跃。7 个大项、15 个分项"全项目参赛"，177 名运动员共同翻开了中国冰雪运动的新篇章。

这枚金牌，就是最好的注脚，就是凯歌的序章！

（新华社北京 2022 年 2 月 5 日电
执笔记者：朱翃，参与记者：王镜宇、张寒、黄昕欣、王春燕、赵雪彤、王君宝、乐文婉，
原标题：《一吼风雷动　王师踏冰来》）

全力去拼
无愧于心
——中国女子短道队接力摘铜

我们站在赛场那一刻就是全力以赴去拼，因为站在主场我们有很多能量，我觉得我们能站在领奖台上就是团结的力量。

——范可新

2022 年 2 月 14 日，北京 2022 年冬奥会短道速滑项目女子 3000 米接力奖牌颁发仪式在北京赛区颁奖广场举行。图为季军中国队选手在奖牌颁发仪式上。

2022 年 2 月 13 日晚获得北京冬奥会短道速滑女子 3000 米接力铜牌之后，中国队的姑娘们都为这枚来之不易的奖牌感到骄傲。

范可新说，她在赛后亲吻冰面是想感谢祖国的强大。而张楚桐表示，拼下铜牌没有遗憾。

在当天的决赛中，中国队在大部分时间里位于第二、第三的位置，尽管曾一度超越最后夺冠的荷兰队，但是很快又被荷兰队反超。范可新告诉记者，短道速滑的魅力就是瞬息万变。除了那次超越之外，其实中国队在比赛中一直在努力寻找机会。

2022 年 2 月 13 日，在首都体育馆举行的北京 2022 年冬奥会短道速滑项目女子 3000 米接力决赛中，中国队获得季军。图为中国队选手范可新在比赛后亲吻冰面。

新华社记者 李一博 摄

她说："我们站在赛场那一刻就是全力以赴去拼，因为站在主场我们有很多能量，我觉得我们能站在领奖台上就是团结的力量。"

在比赛结束之后，范可新在场地中心跪下亲吻了冰面。对此，她回答说，她这个举动是因为热爱短道速滑这个项目，同时感谢祖国的强大。"感谢祖国这么强大，能举办冬奥会，能让我们站在全国人民的面前去展现自己，然后有这么多人支持我们，所以我是（带着）一种感谢的（心情）去亲了冰面。"

首次参加冬奥会的张楚桐站上领奖台非常开心，不断用自拍记录下这个美好的瞬间。

2022 年 2 月 13 日，中国队选手在颁发纪念品仪式上。

新华社记者 杨磊 摄

"能不开心吗？肯定开心，"她说，"要记录一下美好的瞬间。"

当被问到这次参加冬奥会最大的收获时，张楚桐回答说："踏踏实实做好每一步，然后去努力地争取，主要其实就是享受这个过程，享受这个舞台。"

在 2010 年温哥华冬奥会上夺得女子 3000 米接力金牌之后，中国女队在 2014 年索契冬奥会和 2018 年平昌冬奥会上均未能进入前三名。 这次，她们又重新登上了领奖台。

张楚桐说："其实我觉得我们现在做得特别棒。 不管最后成绩如何，但是我们的拼搏、我们的冲劲、我们团结的力量，让我们精神达到了一个高度。 所以说站上领奖台，不管是什么位置都特别开心，因为我们全力以赴了，我们没有任何遗憾。 这就是问心无愧吧。"

参加了平昌冬奥会的韩雨桐也说，4 年前的接力比赛留下了遗憾。 这届比赛虽然是铜牌，也是大家一起努力的结果，所以会非常高兴和珍视。

（新华社北京 2022 年 2 月 13 日电
新华社记者黄昕欣、朱翃、王镜宇，
原标题：《范可新：亲吻冰面感谢祖国》）

是突破、是提升、更是无限前景

——中国钢架雪车滑出世界速度

"零的突破"是奥运精神、体育精神中耀眼的构成，也是中国钢架雪车谋求更大发展的新起点。

伟大梦想不是等出来、喊得来的，而是拼出来，干出来的！2022 年 2 月 11 日、12 日连续两天，中国钢架雪车健儿闫文港、殷正、赵丹、黎禹汐用奋进的竞技表现，为中国冰雪运动拼出高光时刻，为中国冰雪健儿赢得国际尊重。

赛道"拼刺刀"！中国选手上演世界速度

"第一轮：1 分 00 秒 43；第二轮：1 分 00 秒 65；第三轮：1 分 00 秒 54；第四轮：1 分 00 秒 15！"这是第一次参加奥运比赛、还能滑得更快的闫文港，在"雪游龙"交出的

2022 年 2 月 11 日，北京 2022 年冬奥会男子钢架雪车比赛在国家雪车雪橇中心举行。图为中国选手闫文港在比赛中出发。

新华社记者 贺长山 摄

惊艳成绩单！

"4.60秒、4.62秒、4.61秒；4.58秒！"仅练三年多就站上奥运赛场的殷正实力迸发：第一天就创造赛道出发纪录、第二天继续刷新纪录！

复盘赛事，三轮滑行中，闫文港、殷正尽管总体发挥稳定，但个别滑段不够完美，冲击奖牌面临困难。

此时不搏何时搏？

三轮过后，闫文港与暂列第三的外国选手只差0.05秒，殷正的提升空间肉眼可见。只有彻底放下包袱，才能释放"拼刺刀"的最大勇气！全力出发、精准过弯，怀揣梦想冲刺！他们做到了！

闫文港站上领奖台，斩获中国钢架雪车第一枚奥运奖牌。殷正排名跃升，获得第五名的优异成绩。

女子选手同样牵动人心。凭借11日上午两轮滑行的惊艳表现，同样首次参加奥运比赛的中国女子钢架选手赵丹、黎禹汐也被寄予厚望。尽管在12日晚的后续滑行中出现失误，但她们同样为中国钢架雪车开创了新的历史。

钢架雪车是勇者的项目，它本身就是"极限""挑战"的代名词，比的就是强者意志。

闫文港、殷正、赵丹、黎禹汐不屈不挠，持续突破自我的体育精神，感染着关注比赛的每个人。

2022 年 2 月 11 日，在国家雪车雪橇中心举行的北京 2022 年冬奥会男子钢架雪车比赛中，中国选手闫文港夺得铜牌。图为中国选手闫文港赛后庆祝。

新华社记者 江文耀 摄

面对这一起源自欧洲、在欧美国家开展了几十年的小众项目，从零起步的中国钢架雪车仅用 6 年多时间即与世界顶尖选手同台鏖战，在世界最高领奖台上留下中国足迹，开创了世界冬季运动竞技版图的新格局，也掀开中国冰雪健儿建功新时代的重要一页。

2022 年 2 月 11 日，在国家雪车雪橇中心举行的北京 2022 年冬奥会男子钢架雪车比赛中，中国选手闫文港夺得铜牌。图为中国选手闫文港在比赛中。

新华社记者 孙非 摄

六年磨一剑！他们背后有着强大的祖国

闫文港第一次踏上钢架雪车赛道，是在加拿大卡尔加里。很难想象，这位奥运会铜牌得主的第一滑是被教练推下去的。

"虽然时速只有四五十公里，但我非常紧张。"他咬牙熬了过来，"动作不熟，滑完全身都是淤青，但第二天还得继续。"

这就是中国钢架雪车艰难起步的缩影。2015 年，中国从零开始建队。彼时，欧美强队已长期"霸榜"。

想在短期内取得成功，关键一步就是做好人才选拔，为项目长期发展奠定基础。中国钢架雪车队结合项目特点，通过跨界跨项选材方式遴选爆发力出众的优秀田径运动员入队。努力聘请高水平教练，联合国内高校院所组建由体能训练、生理监测、运动心理、科学饮食等各个学科方向组成的复合型科研保障团队。

每进一步都有新困难，但总有一股力量保驾护航。

"中国钢架雪车起步时，国内没有一条自己的赛道。相关产业发展一片空白，只能长期奔波外训。"闫文港说，祖国和团队一直是运动员最坚强的后盾。

在科技助力下，二七厂冰雪运动训练科研基地里的高科技训练系统为运动员在体感和视觉上营造出逼真的训练环境。

通过有效克服季节对冬季项目训练时长的影响，精准捕捉的运动数据等，国家队训练水平大幅提升。

本届冬奥会中，中国钢架雪车健儿穿上了国产冬奥钢架雪车鞋。这双高科技战靴有着采用仿生流体力学设计的导流线和科技材料打造的鞋底异形曲面碳板，为运动员起跑、滑行注入有力支撑。

2020 年，克服疫情影响，使用自主赛道喷射技术打造的国家雪车雪橇中心宣布完工。看到第一条家门口的赛道落成，中国钢架雪车健儿备受鼓舞。

这两年，很多国际雪橇选手或受制于疫情影响，训练不够系统；或"钱袋子"吃紧，每天为筹集训练经费而奔走。我国统筹疫情防控和经济社会发展，让运动员有条件心无旁骛、专心训练，也成为中国钢架雪车创造历史的重要保障。

一起向未来！中国钢架雪车还能更好

"我始终相信中国钢架雪车会越来越好，从未怀疑过。"赛后，闫文港、殷正、赵丹、黎禹汐都向记者坚定地说。

从耿文强代表中国钢架雪车第一次参加奥运比赛获得平昌冬奥会男子钢架雪车第 13 名，到进一步拿下第一个世界杯分站赛冠军；从闫文港、殷正等从国际低级别赛事艰难起步，到不断获得更高级别参赛资格并跻身前列、北京冬奥会赛道展现自我；再到中国女子钢架雪车奋发有为，一个个"萌妹子"无惧挑战和伤病，苦练力量、跃上钢架、冲向赛道，渴望滑出最好的自己……

"零的突破"是奥运精神、体育精神中耀眼的构成，也是中国钢架雪车谋求更大发展的新起点。

"这块铜牌，是突破，是提升，更是无限的发展前景。"中国体育代表团秘书长倪会忠说。

可以预见，家门口的国际顶级赛道、训练科研基地、高等院校机构等将为这一项目的长期发展持续赋能。中国钢架雪车健儿在本届冬奥会的高光表现，必定让更多人认识、了解这一小众项目，更好理解运动员的付出和努力。

国家雪车雪橇中心在规划之初就设计了大众体验滑段，未来，当一批批游客慕名打卡，亲眼见证这条赛道、鼓起勇气尝试滑行；当一批批年轻人在中国冰雪健儿的鼓舞下成为冰雪运动迷，将上冰上雪视为生活的一部分；当越来越多人带着不屈不挠、敢于拼搏、砥砺奋进的干劲投入到工作、生活中，中国钢架雪车会更好，中国冰雪运动事业会更好，我们的明天会更好。

（新华社北京延庆 2022 年 2 月 13 日电
新华社记者张骁、马邦杰、姚友明、伍鲲鹏）

荣誉之师
王者归来
——中国轮椅冰壶卫冕再创历史

我想告诉其他人，如果我可以，你们也可以。

——闫卓

2022 年 3 月 12 日，中国队选手陈建新、闫卓、张明亮和王海涛（从左至右）庆祝夺冠。

新华社记者 李尕 摄

摆好冰壶、俯身、推杆……红色冰壶在国家游泳中心"冰立方"赛道上缓缓旋转滑行，比分定格在 8：3，中国队获胜！2022 年 3 月 12 日，在 2022 年北京冬残奥会轮椅冰壶决赛中，中国队战胜瑞典队，成功卫冕！

这是一场巅峰对决，双方对彼此都很熟悉。中国队是上届平昌冬残奥会的冠军；2021 年世锦赛，中国队正是在决赛中战胜瑞典队问鼎。而在本届冬残奥会循环赛中，中国队曾以 1：5 不敌对手。

当天比赛中国队员发挥稳定，第七局中国队拿下 3 分，以 8：3 领先后，迫使瑞典队提前认输。

赛后，现场响起《歌唱祖国》。教练岳清爽流下了激动的泪水，她跑进赛场，与队员逐一拥抱。在颁奖环节，队员们用手指着胸前的国旗，互相为队友佩戴金牌，"冰立方"赛场首次响起中国国歌，五星红旗在赛场上冉冉升起。

回顾本届北京冬残奥会，中国轮椅冰壶队可以说是"低开高走"，循环赛前两场分别输给加拿大队和瑞典队，开局两连败。此后，他们重新调整状态和战术，豪取十连胜，成功卫冕。

2018 年平昌冬残奥会，中国轮椅冰壶队拿到中国冬残奥会历史首金，2019 年世锦赛一举夺魁，2021 年 10 月在"冰立方"举行的世锦赛上再度拿下金牌。

"平昌冬残奥会跟这次不太一样，当时我们没有冠军，是抱着拼对手的心态。这次是守，但我们也没有多想，把过程做好了，结果也不会差。这枚金牌也说明我们过程做得很好。"队长王海涛说。

今天的成绩离不开这支队伍 15 年的坚守。

时间倒回 2007 年，彼时中国轮椅冰壶队刚刚成立，王海涛是队伍的早期

2022 年 3 月 12 日，中国队选手孙玉龙、闫卓、张明亮、陈建新和王海涛（从左至右）在颁奖仪式上。

新华社记者 杜潇逸 摄

队员。然而，当时轮椅冰壶运动在中国的发展还处于"空白期"。据王海涛回忆，那时训练条件很艰苦，经常要在"别人家"花样滑冰和速度滑冰的场馆训练。"当时我们（队员们）住五楼，没有电梯，由于行动不便，每天教练都要抱着我们上下楼梯。"王海涛说。

与健全人相比，残疾人从事体育运动难度更大，要付出更多努力。冰面寒冷、久坐不动、近 40 斤的冰壶、每天数小时训练……这些对轮椅冰壶运动员而言，都是要面对的现实困难。

北京冬残奥会周期，中国轮椅冰壶队每年仅休息一周多的时间。"平昌夺冠已成历史，从零开始奔向北京。"在北京顺义的国家残疾人冰上运动比赛训练馆冰壶馆中，这条标语高悬，显得格外醒目。中国轮椅冰壶队每天都在这条横幅的"注视下"训练。

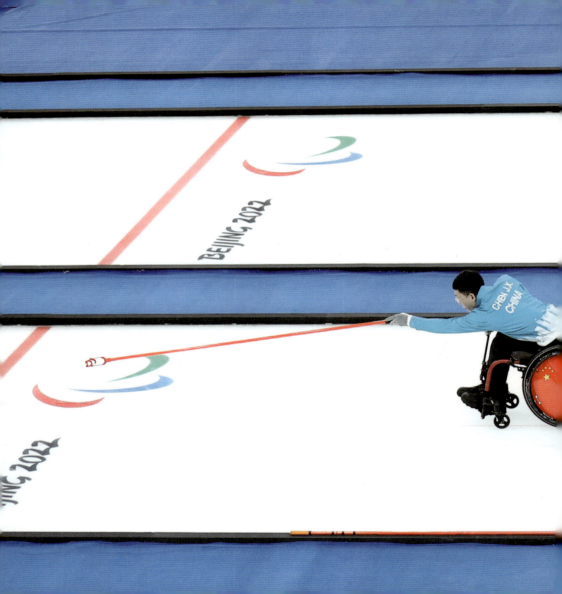

轮椅冰壶运动需要运动员坐在轮椅上使用投壶杆掷壶。为了在冰面上稳定轮椅，方便掷壶队员的发挥，其他队员会在掷壶队员身后稳定该名队员的轮椅。在北京冬残奥会轮椅冰壶比赛中，队员们之间的信任与力量，在这一个简单的动作中传递：他们有的扶着掷壶队员的轮椅轮子，有的则两个队员一起稳定轮椅，掷壶队员推杆的手臂与身后用力稳定轮椅的手臂交错，充满了团结的力量。图为 2022 年 3 月 12 日，中国队选手陈建新（左一）在轮椅冰壶金牌赛中掷壶时，闫卓（左二）扶着陈建新的轮椅，张明亮（右二）扶着闫卓的轮椅。

新华社记者 杜潇逸 摄

2022 年 3 月 12 日，中国队选手张明亮、闫卓、王海涛（从左至右）在北京冬残奥会轮椅冰壶金牌赛中。

新华社记者 兰红光 摄

从队伍成立初期不知道如何训练，到摸索出适合自己的训练方法；从蹭场地训练，到拥有专业的冰壶场地……随着队伍不断发展，这支荣誉之师状态渐佳。

由于轮椅冰壶不能刷冰，运动员投出的冰壶无法人为影响行进线路、速度。然而，在中国队所在赛道，总能传出中气十足的"Hurry（用力刷冰）""Whoa（停止刷冰）"等指挥刷冰用语，以及"来喽""再来点儿""好球"这些人与人、人与冰壶交流的口语。也有人笑称这些呐喊为"声波刷冰"。

声波显然不能对冰壶产生实质性影响，但中国队四垒王海涛和三垒陈建新常常激情澎湃，在本方投壶后大喊指挥用语。到了关键节点，一垒闫卓和二垒张明亮也会全力输出声波。

王海涛表示，很多喊叫都是情不自禁发出的，这不仅是队伍中一种特殊的交流方式，他们也希望通过"声波"跟冰壶交流，这不仅是一种心灵感应，也能够起到激励队友的作用。

队中"90后"运动员陈建新是本届中国轮椅冰壶队参赛队员中年龄最小的一位。2014年，他从轮椅击剑项目转项轮椅冰壶。"我车祸之后，一度失去了活下去的希望，轮椅冰壶给了我更多的荣誉和活下去的信念，让我对生活充满了希望。"陈建新说。

中国轮椅冰壶的成绩和长足进步，也折射出中国残疾人体育事业的发展。北京冬残奥会是中国第六次参加冬残奥会，也是中国参加冬残奥会以来，代表团规模最大、运动员人数最多、参赛项目最全的一届。他们向世界展示出了新时代中国残疾人自强不息的精神风貌，展示出中国冬残奥运动的发展成果。

（新华社北京 2022 年 3 月 12 日电
新华社记者李典、王君宝、赵建通，
参与采写：谭畅、高萌）

2019 年 7 月 10 日拍摄的在进行冰场可转换结构施工的"水立方"。
新华社记者 鞠焕宗 摄

解密「水立方」如何变身「冰立方」

"水立方"是世界上首座完成"水冰转换"的奥运场馆。国家游泳中心联合哈尔滨工业大学等组建科研团队，按照"水冰转换，双轮驱动"策略，开展结构、温度、湿度、照明、声学等方面的攻关改造，提出了前所未有的构想——在泳池上方架设可拆卸冰场。

首先，工作人员需要抽干泳池中的水，在底部用钢架搭建可转换的支撑结构，2680 根钢架。冰壶项目对冰面要求非常高，哪怕一毫米高差都会有影响，因此工程师在每根钢管下方设计了一个调节螺栓，可通过转动螺栓来调整钢架高度。

钢架基础搭建好后，还要铺设混凝土预制板——工程师特意定制了方便拆装的尺寸，并通过激光跟踪仪进行高差测量，确保平整度。预制板平台上还要铺设防水层、保温层、防潮层等，以及制冰管道。这些制冰管道日后需要重复利用，因而工程师对每根管道及相应接口进行编号，以便在下次"冰水转换"中快速准确地安装回原位。

接下来是制冰环节。室外一体化撬站式制冰机组如集装箱一般，可整体移动到任何地方进行制冰工作。载冷剂通过预先铺设好的管线从室外输送进制冰管，通过多次细致洒水，最终形成赛道冰面。制冰用水是经过预处理和高效过滤的水。

"冰水转换"系统建成后，只用二十天时间，"水立方"就能通过快速组装搭建变成"冰立方"。

工程师还为冰壶赛场建立了一套"健康监测"系统，包含加速传感器、应变传感器、环境温度传感器等，不仅能监测结构的变

形、震动，还能监测环境温度和整体结构倾角，对结构的安全性和比赛舒适度进行实时评估。

冰壶赛场内还要确保三种不同温度并存——赛道需要始终保持零下 8.5 摄氏度；冰面上方 1.5 米控制在 10 摄氏度左右；看台区温度则在 16 到 18 摄氏度之间，由座椅下的出风口吹出热风，确保观众舒适观赛。

无论是"水立方"还是"冰立方"，"绿色"都是它们不褪色的标签。"水立方"半透明式屋顶透光性好，可以充分利用自然光线变化满足场馆内泳池温度需求，但对冰面并不友好。

工程设计团队最终决定给"冰立方"穿上一层"防晒服"。为了找到合适材料，团队反复模拟试验，最终选择一种厚约 0.26 毫米的膜材材料，覆盖在"水立方"的每个泡泡上，有效将游泳馆的高温高湿环境变成冰壶场地所需的低温低湿环境，并降低热辐射对制冰系统运转的负荷。

冬奥会和冬残奥会结束后，"冰立方"还将成为集冰上精品赛事举办、大众冰上健身、冰壶运动推广等功能于一体的综合冰上项目平台，让"双奥"遗产持续绽放光芒。

（新华社北京 2022 年 2 月 1 日电
新华社记者马思嘉、梁金雄，
原标题：《你不知道的冬奥事：游泳道"变身"冰壶道——"水立方"与"冰立方"如何自由切换》）

一个人的冬奥之旅

只要你不断向前，
终会实现梦想
——马耳他选手珍妮丝·斯皮泰里

穷，我就住在车里、住在山上。年龄太大，那我就每天都努力训练。我始终相信，所有我面临的这些挑战，只要我足够渴求进步，只要我不断尝试，我就能实现目标。

——珍妮丝·斯皮泰里

北京冬奥会单板滑雪 U 型场地技巧赛场位于张家口赛区云顶滑雪公园，长 220 米，内高 7.2 米，这里将决出北京冬奥会该项目的女子与男子两枚金牌。比赛全球瞩目，选手名将云集。

在此前结束的女子资格赛中，一位选手揣着半个包子在这里进行了一次滑行。

来自马耳他的珍妮丝·斯皮泰里第一滑基本算是正常发挥，不过落地出现问题。在等候区等待分数的时候，大屏幕上的她依然笑容灿烂，然后掏出半个包子，还冲镜头晃了晃，咬了一口，比了两个大拇指。

比赛间隙，珍妮丝·斯皮泰里掏出半个豆包。

新华社发

在混合采访区，"这是什么馅儿的包子"的悬念一度超越将要产生的决赛名单，贯穿了第二轮比赛的几乎全过程。这一轮斯皮泰里成功落地，虽然未能晋级决赛，但可说是圆满完赛。

"啊，是个红豆包，来了之后我天天吃六个，早餐两个，中午两个，晚餐两个，这是冬奥村里我最喜欢吃的东西。"斯皮泰里说，"今天早上我拿了包子，但是可能太紧张了咽不下去，所以就放到了兜里，滑完第一轮一摸兜我突然想起包子还在里边，所以我觉得还是来一口。"

这个 29 岁的姑娘性格外向，发色左边是青绿渐变，右边是紫粉渐变。来北京参赛前上过美国的综艺节目，说起冬奥会的事儿，主持人说："我可不知道马耳他还有冬奥代表队……还是说这支队伍就是你？"答对了。

"珍妮丝·斯皮泰里是北京冬奥会马耳他的唯一一名参赛选手，她也是首位代表马耳他参赛的冬奥会单板滑雪选手，我们祝她和马耳他队一切顺利！"在斯皮泰里的社交媒体账号上，她转发了中国驻马耳他大使馆的这条贴文。

2022 年 2 月 4 日的北京冬奥会开幕式，马耳他派出的代表团只有三个人上场，斯皮泰里记录了自己作为代表团旗手在国家体育场"鸟巢"的场景——在"一起向未来"的条幅下，她和马耳他代表团其他成员连蹦带跳地往场地里走，志愿者在后面一路小跑。

"11 年前当我开始练单板的时候，我也没有什么冬奥梦。我是觉得练了之后没准方便我去做个体育评论员或者给运动员做做采访之类的，如果我也练过这个项目，也了解运动员，对我的简历会很有好处，帮我找到记者这类的工作。但后来我的眼光就投向了冬奥会。"她说。

理想的改变意味着要付出更多。斯皮泰里的个人页面置顶是为她的训练筹集资金的链接，在过去的两个冬天，她一直住在一辆没有暖气的货车

北京冬奥会开幕式上的珍妮丝·斯皮泰里。

新华社发

里，并继续她的奥运梦想。她四处奔波，先后参加了 2021—2022 赛季猛犸山站、铜山站和拉克斯站的比赛，名次不错，2022 年 1 月 17 日，国际雪联公布了决定北京冬奥会准入资格的排名。

"我 18 岁开始滑单板，20 岁有了参加冬奥会的疯狂梦想，22 岁第一次参加 U 型场地的专业比赛，25 岁距离平昌冬奥会一步之遥，现在我 29 岁，我拿到了北京冬奥会的参赛资格！"在 17 日当天更新的照片里，斯皮泰里的表情写满惊喜与不可思议。

来到北京冬奥会参赛的体验也是快乐的，不只是吃豆包。

"我对中国最大的印象就是这里的人们都很友好，我们在冬奥村也有很多志愿者，我们会有很多互动，每次你走进餐厅，他们都会挥手向你问候，每个人看起来都很热情。"在冬奥村，斯皮泰里入手了"冰墩墩"的毛绒玩具、钥匙链和徽章，甚至学会了用中文说"中不中"。

"我对这里的防疫工作也印象深刻，来之前我以为会非常复杂，每天要做各种检查，但来了之后发现整个体系组织运转非常流畅。"她说，"我们每天的核酸检测也很方便，就在餐厅旁边，你去吃个早饭，然后再用不到 10 秒时间去做个核酸就行，这里的一切也让我感到非常安全放心，整个防疫都做得特别到位。"

登上冬奥会的赛场之后，她的想法也有所改变。

"如果你一个月之前问我，这将是我最后一届冬奥会。但是现在，我好像能在脑海中看到自己能做什么，我明白了自己的潜力，就是那种'我好像还能做得再多一点'的感觉。"斯皮泰里说，"我想成为最好的自己，我也还没到达自己的极限，所以我还有空间继续努力，继续进步。"

斯皮泰里表示，希望自己的参赛能够激励马耳他人民，还有世界各地的其他人。"我 18 岁之前都从未尝试过单板滑雪，而很多人 18 岁已经登上了冬奥会的赛场。我开始得晚，但我明白自己真的很想要达成目标，并为之全力以赴。训练的时候我有时就住在自己的货车里，也经历过很多困难，但我坚持下来了也达成了目标，所以我觉得每个人都可以实现自己的理想。"

（新华社河北崇礼 2022 年 2 月 10 日电
新华社记者郑直、刘博、杨恺，
原标题：《在北京冬奥会赛场上"来口豆包"》）

从职场到冬奥雪场，墨西哥"白领"一个人的长征

——乔纳森·索托·莫雷诺

他为自己制定了训练和饮食表。清晨 5 点起床，花两个小时泡在健身房，而后换上西装打卡上班；下班后继续 1 到 3 小时轮滑训练；到了周末，则是漫长的轮滑、滑雪、骑车……如此周而复始，从未停止。

对绝大多数冬奥运动员来说，训练和比赛是每天的全部。但墨西哥运动员乔纳森·索托·莫雷诺不同——即使身在北京参赛，他也得克服时差，抽空发送电子邮件处理工作。

28 岁的莫雷诺是一名肉产品加工设备制造公司经理。11 日，他出现在了北京冬奥会越野滑雪男子 15 公里（传统技术）的比赛中。

BEIJING 2022

由于个人积分排名在最后，莫雷诺被安排在参赛 99 名选手中最后一个出发。所以，当大部分运动员都已完赛收拾妥当，这名墨西哥人还在朝着终点努力滑行。

2022 年 2 月 11 日，墨西哥运动员乔纳森·索托·莫雷诺在北京冬奥会越野滑雪男子 15 公里（传统技术）的比赛中冲过终点。

新华社记者 牟宇 摄

2022 年 2 月 11 日，墨西哥运动员乔纳森·索托·莫雷诺在北京冬奥会越野滑雪男子 15 公里（传统技术）的比赛中。

新华社记者 牟宇 摄

"能代表家乡出现在冬奥会赛场，就是我的梦想，它激励我永远全力以赴。"他说。

莫雷诺的童年在墨西哥度过。13 岁时，他随家人迁往美国明尼阿波利斯市生活。不同于炎热的墨西哥，当地漫长的冬季给予莫雷诺更多接触冰雪运动的机会。

起初，莫雷诺更热爱田径，只是将越野滑雪视为保持状态的一种训练方式。大学毕业后，对故乡念念不忘的他偶然了解到墨西哥竟也有滑雪协会，便萌生了代表祖国出战冬奥会的想法。

2018 年平昌冬奥会，年过四旬的墨西哥人赫尔曼·马德拉索出现在越野滑雪赛场上，彻底点燃了莫雷诺的梦想，前者目前也成为莫雷诺的滑雪教练。

伟大源于勇敢的开始。

与职业运动员不同，多数时间里，莫雷诺只能靠自己。

他为自己制定了训练和饮食表。清晨 5 点起床，花两个小时泡在健身房，而后换上西装打卡上班；下班后继续 1 到 3 小时轮滑训练；到了周末，则是漫长的轮滑、滑雪、骑车……如此周而复始，从未停止。

一路走来，莫雷诺牺牲了很多，他需要维持工作支撑梦想。

"这不是一项廉价的运动。要想参加冬奥会，你首先得去世界各地参加赛事获得足够的积分。"他告诉记者，自己每年至少要花费 2 万美元，用于装备、通勤和营养补给。

某种程度上，全球新冠肺炎疫情带来的工作与生活方式上的改变，给了莫雷诺圆梦冬奥的机会。

"因为疫情，远程办公变得越来越普遍，这对我来说至关重要。"他说。

冰岛、土耳其、黎巴嫩……莫雷诺开始参加各项赛事争取积分，他还如愿参加了 2021 年在德国举行的越野滑雪世界锦标赛。而在参赛时，宾馆房间就是他兼顾工作的办公室。

通常，与他同场竞技的运动员会在赛前一周就着手适应场地，但莫雷诺没有那么多时间。

"比如周六有一场比赛，那我会在周四晚上坐红眼航班过去，周五休息一天，周日晚上再飞回来。"他说，"到周一时，我会出现在公司的办公室。"

这是一项极为艰苦的运动，被外界称为"雪上马拉松"所言不虚。

即使中途有人退赛，但莫雷诺在向前看，他将越野滑雪视为磨砺自己的一场修行。

"即使已经付出 100% 的努力，这仍是一项非常痛苦的比赛。"他说，"但我认为，所经历的一切苦痛都是走向成功的标志，它告诉我凡事都要尽力而为。"

莫雷诺最终倒数第二个完赛，他的成绩要比来自芬兰的冠军伊沃·尼斯卡宁慢了 15 分钟以上。

终点线上，尼斯卡宁主动走向莫雷诺为他庆祝。

"我仍不敢相信这是真的，为了这个伟大的梦想，我走了很远的路。"

（新华社河北崇礼 2022 年 2 月 13 日电
新华社记者孙哲、杨帆、胡虎虎，
原标题:《从职场到冬奥雪场，墨西哥"白领"一个人的长征》）

没有一个梦想会被辜负

——墨西哥花样滑冰运动员
多诺万·卡里略

我并不是一无所有，我从不止步于"不"，我一直在寻找
"是"，不论面前有多少艰难险阻，也要奋勇拼搏，永不放弃。

——多诺万·卡里略

动感的音乐声停了下来，但墨西哥花样滑冰男单选手多诺
万·卡里略仍意犹未尽，他的内心还在冰面上跳跃着、旋
转着。

作为墨西哥 30 年来首位参加冬奥会的花滑选手，卡里略在
8 日举行的北京冬奥会花滑男单短节目比赛中得到 79.69
分，刷新了个人赛季最佳。他的后外点冰四周跳和阿克塞
尔三周跳都顺利完成，到了节目后半段，音乐节奏更加欢
快，拉美人骨子里的表演欲也被充分调动起来。

"我根本不想停下来，我想一直滑、一直滑。"卡里略说，"能

2022年2月10日，北京2022年冬奥会花样滑冰男子单人滑自由滑比赛在首都体育馆举行。图为墨西哥选手多诺万·卡里略在比赛中。

新华社记者 李一博 摄

参加自己的第一届冬奥会，真是个艰难的过程。毕竟，作为一名墨西哥人，能实现这样的目标，我为自己感到骄傲。"

全国都没有一块标准冰场

在墨西哥，最受欢迎的体育运动是足球、拳击、篮球、棒球等项目。而且当地气候复杂多变，横跨热带、亚热带地区，冰雪罕至，因此花样滑冰项目的参与者可谓少之又少。

墨西哥全国都没有一块冬奥会标准的专业冰场，也就不难理解。"北京冬奥会的冰场真是太棒了，我很喜欢。刚来北京的那几天特别有趣，我得多滑一点，因为我平时训练的冰场比这个小一点，所以前几天要调整之前的排练模式，还有各种动作什么的，来适应这个标准的冰场。"卡里略说，他在墨西哥全国最好的几个冰场里训练过，但没一个是冬奥会官方规格的冰场。

不仅如此，为了一块冰场，卡里略 2013 年跟教练搬到了瓜纳华托州训练，因为家乡瓜达拉哈拉市的冰场关闭了。"瓜纳华托州的冰场为我的教练提供了一份花样滑冰学校负责人的工作，我也从那时起经历了非常重要的成长，因为冰上训练时间有了保障，瓜纳华托州莱昂市冰场还为我提供了奖学金。"

一直被嘲笑的梦想

在短节目比赛中，卡里略第八个登场。在听到自己的短节目分数时，卡里略非常激动，他先是高高举起手臂，随后立刻蹦了起来。他最终排名第 19 位，顺利晋级 10 日举行的男单自由滑，他也是墨西哥第一个晋级花滑自由滑的男单选手。

卡里略说，能走到今天是因为一直坚持自己那个"被嘲笑的梦想"。

"我刚刚成为花滑运动员时，目标就是参加冬奥会，很多人都觉得我疯了。我要么被嘲笑，要么被好言劝退，因为他们觉得'这对墨西哥人来说不可能'。所以我一直努力再努力，比赛再比赛，逼出最好的自己。"卡里略说。

不仅热爱滑冰，卡里略还非常热衷于演绎拉丁风格的曲目，八年来每个赛季都至少有一支表演曲目为拉丁曲风，这次参加北京冬奥会的自由滑音乐就是如此。

"我的自由滑曲目是非常典型的'墨西哥风'，混编的四首歌曲除了第一首歌是英、西文版的《也许》，其余三首歌都是西班牙语歌曲。我的自由滑曲目拉丁风格浓郁，为此我深感自豪，也希望观众能和我一样享受这个节目。"

虽然他在冰场上传递着墨西哥文化，但卡里略练习花样滑冰却要首先试着打破墨西哥国内对这项运动的误解。

"我希望更多人能记住我是一个打破社会壁垒的人，因为很多墨西哥男性不愿意参加艺术类的运动，害怕别人说三道四，或者觉得这些是女性专属。我希望终结这种偏见，让人们看到，男性也可以做得很好。"卡里略说。

钱永远都不够用

与很多花滑运动员专心训练比赛不同，卡里略一直得操心经费问题，因为对花滑项目来说，钱永远都不够。

"如果没有那么多人帮助我，我的职业生涯不可能走到现在。从 2019 年开始，我得到了墨西哥政府的支持，但在那之前，所有的费用都是我的家人和朋友在支付。"

家人支持、接受捐赠、教别人滑冰……可以说，卡里略把能想到的赚钱办法都用上了，"你知道，要去世界各地参加比赛，要训练，要做比赛服等等，钱永远都不够用。所以，一切的支持和帮助都是欢迎的。"

但卡里略唯一不用操心的就是教练的酬劳，因为从他开始学习花样滑冰起，他的教练格雷戈里奥·努涅斯就没有收过他任何费用。

"他从一开始就相信我（能成功），从不收取任何课时费。没有他，我就不可能有今天。"卡里略谈起教练，满怀感恩之情。

2022 年 2 月 8 日，北京 2022 年冬奥会花样滑冰男子单人滑短节目比赛在首都体育馆举行。图为墨西哥选手多诺万·卡里略在比赛中。

新华社记者 刘潇 摄

在短节目结束后等待分数的时候，卡里略一直向电视镜头前的人推荐着他的教练，教练则搂着他的肩膀，等着成绩。

北京冬奥会只是开始

进入自由滑比赛，卡里略实现了自己的第一个冬奥会梦想，而他的梦想还有好多。

"我的目标已经瞄准了下一届冬奥会，我肯定想参加下届冬奥会，毋庸置疑，我还想创造更好的成绩。"

"首都体育馆的冰场真的太好了。希望在将来，在墨西哥能有一块这样的冰场，这样就能有更多运动员参与冬季项目。"

"激励下一代参与冬季项目是我的目标之一。有很多偶像是激励我从事这项运动的动力，比如七届欧锦赛冠军、西班牙名将哈维尔·费尔南德斯，在西班牙，冬季项目可不像足球那么流行。"

"我并不是一无所有，我从不止步于'不'，我一直在寻找'是'，不论面前有多少艰难险阻，也要奋勇拼搏，永不放弃。"

（新华社北京 2022 年 2 月 9 日电
新华社记者王春燕、乐文婉、吴梦，
原标题：《他也是花滑"顶流"，只是在墨西哥》）

2022 年 2 月 8 日，墨西哥选手多诺万·卡里略在北京冬奥会花样滑冰男子单人滑短节目比赛中。

新华社记者 刘潇 摄

快看那个印度人，他孤独又快乐

——沙瓦·凯沙万

在山区的云雾和密林间，这个有些疯狂的运动员把雪橇底下的刃拆掉，换上轮子，然后挑一段盘山路的顶点出发，开始一场惊心动魄的山路速降。

这几天的国家高山滑雪中心，所有记者都在等一个印度人——穆罕默德·阿里夫·汗，印度代表团旗手，本届冬奥会印度唯一的运动员，那个为北京冬奥会推迟了婚期的男人，那个被人们称作"一个人代表了近 14 亿同胞"的人。

但我们的目光却总被另一个印度人所吸引，因为他实在太欢脱了。不管哪个选手冲过终点，他都会蹦蹦跳跳地欢呼，把印度国旗甩得飞起，那劲头好像所有运动员都是自家人，把现场的媒体同行都搞懵了："到底谁才是那个印度人？"

我们在看台下"逮"住了这个满场跑的印度人。一聊才发

2022 年 2 月 16 日，印度选手穆罕默德·阿里夫·汗在北京冬奥会高山滑雪男子回转项目比赛中。

新华社记者 陈益宸 摄

现，他，也曾一人代表过十几亿同胞。

不完美的生活

"我参加过六届冬奥会。"一开口，这个叫作沙瓦·凯沙万的印度人就把记者镇住了。"我以前是个雪橇运动员，1998 年的长野和 2002 年的盐湖城，我都是印度代表团旗手，也是唯一的运动员。"

凯沙万现在 40 岁，第一次参加冬奥会才 16 岁。聊起他和阿里夫，他说他们很像——都是"独苗"选手，都是出生在山区。只不过，阿里夫小时候还能在山坡上滑野雪，但凯沙万小时候，印度没有一条雪橇赛道。

所以，他的第一个"雪橇"，是一块背面装了轮子的木板。甚至直到退役之前，在接触不到赛道的日子里，他都是在公路上训练的。

我们好奇看了那些训练视频，结果被吓得不轻。在山区的云雾和密林间，这个有些疯狂的运动员把雪橇底下的刃拆掉，换上轮子，然后挑一段盘山路的顶点出发，开始一场惊心动魄的山路速降。躺在"公路雪橇"上，他滑过羊群、村庄，躲过对向来的摩托、横穿公路的孩童；看到公路上有一排锥形隔离墩时，他会滑出精准的 S 形路线绕墩，练习方向控制；过180 度的"发卡弯"时，由于路面没有雪橇赛道那种倾斜度，他只能把一侧的手和脚伸展开，强行控速和改变方向。

甚至，他还曾从大货车车底滑过，看得我们惊呼一声。他笑着说"这样并不危险"，我怎么也没法相信。

"这是不完美的生活，但这是我热爱的事情。"他说，"而当我参加了很多

穆罕默德·阿里夫·汗（左二）、沙瓦·凯沙万（右一）与部分印度代表团成员在国家高山滑雪中心合影。

新华社发

届冬奥会后，我也发现有些事情，要大过我自己的个人追求。"

不完美的比赛

职业生涯里，凯沙万在亚洲杯拿过两金一银两铜，是印度唯一在国际比赛中得过奖牌的冬季项目选手。意大利队甚至曾许诺给他免费使用所有训练设备和教练团队，只要他代表意大利参赛。

他拒绝了，但也一直没能在世界级比赛里更进一步。到他退役，造价高昂的雪橇赛道也没在印度建起来。二十多年间，印度冬奥代表团的运动员人数，从他那会儿的一人，增加到过后来最多时的四人……

现在又变回了一个人。

"印度冰雪运动发展很慢，因为大多数体育机构都设在新德里。那里是气候炎热的平原，很多人觉得冰雪运动没什么用。但出生在山区的我们不这么想。"凯沙万说。

这也是为什么，他会和小他九岁的滑雪运动员阿里夫惺惺相惜。

"在他还是个孩子时我们就认识了。"凯沙万说，阿里夫从小就在家乡附近的山上滑雪，12 岁在全国少年比赛中崭露头角，2008 年以后就在国内没有对手了。

也是从那时起，阿里夫有了关于冬奥的梦。

"但印度没有符合国际标准的赛道，大部分地方都是野雪。滑完一次后，我们的运动员经常得扛着雪板爬上山才能滑第二次，一天练不了多少趟。"凯沙万说。

这些年来，阿里夫的父亲用开雪具店的收入支撑孩子的训练。但 2018 年前，阿里夫还是因为缺钱而没法在欧洲打积分赛。他在网上搞起了众筹，但最终错过了平昌。

"我也曾经这样筹过款。"凯沙万说，"后来，我把帮助过我的人的名字都印在了比赛服上，就像他们和我一起上场了一样。"

孤独而完美的快乐

走在各自的冰雪路上，两个印度人一直很孤独——都选了一个不容易发展的项目，都从少年坚持到了壮年或中年，都站上了奥林匹克的舞台。

但也都没办法再向前一步。他们或许都知道：一个运动员一生所能获得的最高荣誉，自己已经没有可能再去追求了。

在 2022 年 2 月 16 日的男子回转比赛中，阿里夫滑得很激进。旗门设置和雪况都超出了他的能力范围，但他始终没有控速，直到滑出了赛道。

"沙瓦（凯沙万）一直跟我说要稳一点，起码要有个成绩，回国了才能吸引更多人。"阿里夫赛后说，"可这是我最后一场比赛了，我想证明我不止于此，我能滑得更快。"

看台上，凯沙万看出了阿里夫的冒险。他有点遗憾，但也笑着说："这是他的运动家精神。"

2022 年 2 月 13 日，印度选手穆罕默德·阿里夫·汗在北京冬奥会高山滑雪男子大回转比赛中。

新华社记者 陈益宸 摄

在北京，凯沙万一直很快乐，北京冬奥会的场馆让他兴奋，他说以后想带印度孩子来训练。面对中国记者，他和阿里夫都不止一次提过："我们是邻居，应该多合作，我们要激励更多亚洲孩子走上（滑雪）赛场。"

13 日，延庆赛区大雪，高山滑雪男子大回转有近一半选手没能完赛，阿里夫在完赛选手里排名倒数第二。他赛后直言比赛很难，但也一直强调："我滑得很保守，因为今天天气不好，最大的任务就是完赛，我得用这个成绩去展示印度，激励印度人。"

那一边，看台上的凯沙万却早就玩成了一个孩子——跟着现场音乐跳舞，给所有运动员加油，在雪里跟"冰墩墩"拍照："这才是冬天呀，是奥林匹克的节日！"

（新华社北京延庆 2022 年 2 月 17 日电
新华社记者王沁鸥、刘扬涛、夏子麟、卢羡婷，
原标题：《快看那个印度人，他孤独又快乐》）

冰球场上
唯一的"她"
——于静

在她的字典里，没有"给自己设限"的词条。外企财会、咖啡店长、设计行业，只要是感兴趣的工作，她都会尽全力做到最好。把参加北京冬残奥会作为人生的新目标后，她辞去工作全职训练备赛，哪怕当时她已 36 岁。

出场 5 分 16 秒，没有进球、没有助攻，于静完成了冬残奥的首秀。但终场哨声响起时，中国残奥冰球队的球员们却把她围在中央，祝北京冬残奥会冰球场上唯一的"她"节日快乐。

残奥冰球比赛是男女混合团体项目，允许男女运动员同场竞技。作为中国队的一员，于静是北京冬残奥会 7 支冰球队伍中唯一的女球员，也是冬残奥历史上第三名参加冰球比赛的女球员。

儿时因病致左腿部分功能丧失，但于静从不缺少参与体育

2022 年 3 月 8 日，在国家体育馆举行的北京 2022 冬残奥会残奥冰球小组赛 B 组比赛中，中国队以 6 比 0 战胜意大利队。图为中国队选手于静在比赛中。

新华社记者 兰红光 摄

2022 年 3 月 8 日，在国家体育馆举行的北京 2022 冬残奥会残奥冰球小

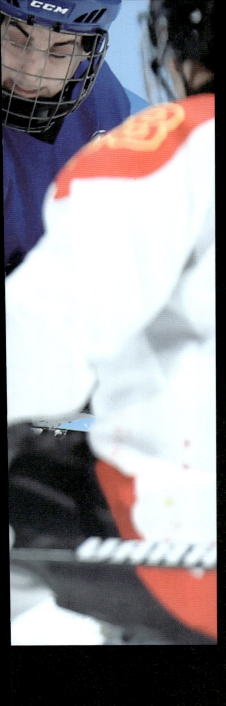

运动的热情。击剑、射箭、坐式排球、轮椅篮球，她都是"一玩就能上手，一上手就能玩到现在"。

和轮椅篮球相似，残奥冰球运动员均有不同程度的下肢残疾，需坐在冰橇上比赛。2019 年，在山东残联的帮助下，有轮椅篮球基础的于静开始练习残奥冰球。支撑冰橇的冰刃仅有 3 厘米宽，虽能用两支球杆辅助支撑，但对初学者来说，想保持好平衡都很难。

头一次上冰，于静就能在冰橇上坐稳，还能用球杆撑着慢慢滑行。"感觉自己挺有天赋的，一下就有了信心。"于静说，"更重要的是有机会在家门口参加冬残奥会，就一直练了下来。"

残奥冰球中，运动员滑行、急停、转向、击打冰球都要靠球杆完成，需要频繁使用手腕的力量。时间久了，她的右手腕鼓起个包，这是腕关节液渗出形成的腱鞘囊肿。"囊肿大的时候会影响手腕活动。"于静说，所以训练、比赛后都要冰敷。

类似的"鼓包"在她的生活中也会有。"比如因为左腿肌肉有点萎缩，我很少穿裙子，但这对我的生活并没什么影响。"于静说，"我知道自己是什么样的人，自己想要过什么样的生活。"

在她的字典里，没有"给自己设限"的词条。外企财会、咖啡店长、设计行业，只要是感兴趣的工作，她都会尽全力做到最好。把参加北京冬残奥会作为人生的新目标后，她辞去工作全职训练备赛，哪怕当时她已 36 岁。

在不少人眼里，对抗激烈的冰球似乎是男性的专属运动。但于静却不这么看："这是个男女混合项目，也为女性残疾人打开了一扇门，我觉得女性一样可以。对于女性残疾人来说，看到我在赛场上，就说明她们也有这个可能性，对她们也是一种鼓励。"

2021 年，于静通过层层选拔，如愿成为中国残奥冰球队的一员。她不仅是唯一的女队员，也是年龄最大的球员。用她的话说，"最小的球员也就我一半岁数，叫我'静姨'都不过分。"

训练中，这帮爱玩爱闹的大男孩总会给"静姨"特殊"照顾"，不是滑行时轻推她一把，就是在她带球时用球杆干扰她的冰橇平衡。当于静重心不稳、歪倒在冰面上时，队友们还会起哄说她是在"碰瓷"。对此，她并不在意，"男生都喜欢恶作剧，皮一下就很开心"。

在训练和比赛中，戴着头盔的球员们只能看到队服颜色，难以辨认对方是谁，冲撞总是难免。"针灸、推拿、烤电是全队的家常便饭，不光是我。"于静说，好在队里配了很好的医疗服务。

被撞倒，再爬起来；被"钉"在板墙上，找找平衡再继续……已习惯了这些的于静从不认为自己和其他球员有何不同。即使在冬残奥的赛场上，她仍能凭借灵活转向弥补对抗和速度的不足，努力完成教练的战术部署。

对北京冬残奥会冰球赛场唯一的"她"来说，参加比赛、鼓励女性残疾人参与体育运动的梦想已经达成。

"当我站在冬残奥会的赛场上，我感觉我的人生达到了真正意义上精神追求的巅峰。"于静说，也许在冬残奥会后她会尝试转型做助教，因为球员的经历能帮助她更好地和队员沟通。

当然，这只是一种可能。从不给自己设限的她，未来的人生也会有无限的可能。

（新华社北京 2022 年 3 月 8 日电
新华社记者马锴、董意行，
参与记者：罗鑫、邰思聪，
原标题：《冰球场上唯一的"她"》）

2022年2月20日，在国家体育馆举行的北京2022年冬奥会男子冰球金牌赛中，芬兰队以2比1战胜俄罗斯奥委会队，获得金牌。图为芬兰队球员汉内斯·比约尼宁（右一）在比赛中进攻。

新华社记者 刘潇 摄

冰球

冬奥对抗最激烈的项目

冰球，也被称为"冰上曲棍球"。1924年和1998年，男子和女子冰球分别被列为冬奥会正式比赛项目，残奥冰球项目则在1994年被列为冬残奥会正式比赛项目。

冰球"神似"足球、曲棍球、短道速滑的结合体，是一项讲究身体对抗的球类比赛，它将力量与激情完美融合，带给观众强有力的视觉冲击，令肾上腺素飙升。

冰球比赛是冬奥会项目中公认的对抗最激烈的比赛。无论原本高矮胖瘦，站在赛场上的冰球运动员个个都酷似变形金刚，看起来几乎一样"臃肿"。而"盔甲"附体，是为了最大限度保护运动员。

冰球国际比赛中规定，除头盔和护腿套外，其余防护装备不能暴露在外，因此运动员需在护具外穿上罩衫和护腿套，舒适美观的同时，还能减少护具因空隙、移位等引发的安全问题。

大家千万别被"冰球"这个名字误导。这里的"球"其实是个扁扁的橡胶圆盘，形似象棋，神似煤球。

大多数球类运动中，"球"的英文名都是"ball"，而冰球的"球"则为"puck"。为什么冰球这么特殊？为什么它的球是扁的，这就要从冰球运动的起源、演变以及冰上运动的特点谈起。

冰球由英文"Ice Hockey"翻译而来，"Hockey"又译为"曲棍球"，所以"Ice Hockey"的中文名就变成了"冰球"，即为"冰上曲棍球"，这里也可窥见冰球与曲棍球的"血缘"关系。

冰球运动最初起源于 19 世纪中叶的加拿大，曾使用一种扁圆状的木质球，而在更久远的年代，人们常常用冰冻的牛粪当冰球使用。后随着运动项目逐渐发展成熟，开始使用硫化橡胶制成的盘形冰球。最新的规则中，冰球要求厚度为 2.5 厘米、直径 7.6 厘米，重量介于 156 克至 170 克之间。

从科学的角度讲，冰球拥有上下两个平整的表面，可与冰面贴合，增加冰球滑动时的摩擦力，便于更稳定地在冰面上"行走"，方便运动员控球。为快速锁定冰球的位置，比赛中一般都选用黑色冰球，但青少年冰球比赛较为特殊，通常选用重约 143 克的蓝色冰球。

此外，在正式比赛中，冰球还要进行"冷冻"处理。冰球放在冷却器里冷冻，以降低弹性，防止击打后路线不稳定。比赛过程中需不断更换用球，以确保所有时间都在使用冷冻过的冰球，备用冰球会被储存在冰袋里，置于官员席。

除了接球、传球、带球等基本操作，优秀的冰球运动员还可以用球杆做出各种令人叹为观止的、眼花缭乱的起球、拨球动作，甚至会出现冰球"吸"在球杆上的场景。冰球运动员的球杆，同花式足球运动员的脚、街头篮球运动员的手，成为体育界"花里胡哨"的三大产源地。

在比赛中，除了用球杆触球，球员们还可以用手接球，但前提必须是在规则范围内。在国际冰球联合会给出的最新版官方规则中，除守门员之外，对其他球员手接触球的动作，有着非常详细、严格的规定和要求。

冰球的手接球动作，指的是在球飞来用手接住，但不能持球移动，更不能从地上捡球。接住球后如果身体压住球时，裁判立即吹哨，比赛就会进入死球状态，双方球员需到球门附近争球。

（新华社北京 2022 年 1 月 23 日电
新华社记者胡佳丽、赵建通、赵旭，
原标题：《你不知道的冬奥事：冰球运动员的"铠甲"有何讲究？冰球不是球？还能用手接？》）

我是第一！

——倒数第一的"速滑大妈"

我是笑着滑过终点线的，我实现了自己的目标，这可是我的
第八次奥运会。

——克劳迪娅·佩希施泰因

比了个最后一名，却成了"冠军"？

在国家速滑馆"冰丝带"混合采访区，挤满了各路记者。
大家望眼欲穿，焦急等待这个创造历史的"第一人"。

"历史缔造者！"美国记者这样形容克劳迪娅·佩希施泰因。
哪怕等了 40 分钟，大家也一定要采访到她。确实，由克劳
迪娅缔造的这个惊天"纪录"让所有人心服口服。

2022 年 2 月 5 日傍晚，北京冬奥会速滑女子 3000 米决赛，
一项新的奥运会纪录诞生，克劳迪娅保持了 20 年的纪录，

2022 年 2 月 5 日，北京 2022 年冬奥会速度滑冰女子 3000 米决赛在国家速滑馆"冰丝带"举行。图为德国选手克劳迪娅·佩希施泰因在比赛中。

新华社记者 程婷婷 摄

2022 年 2 月 19 日，八届奥运老将德国选手克劳迪娅·佩希施泰因在北京 2022 年冬奥会速度滑冰全部比赛结束后留影。

新华社记者　丁旭　摄

被荷兰运动员伊雷妮·斯豪滕以 3 分 56 秒 93 的成绩打破。曾经的奥运冠军，却在本次比赛中，位列 20 名选手之末。

成绩虽然垫底，却被历史认定为"第一"——49 岁，历史上年纪最大的女子冬奥选手；八届，历史上参加冬奥会次数最多的女运动员；在过往七届中，总共拿下 5 金 2 银 2 铜。

下午 4 点 30 分，49 岁的克劳迪娅与 22 岁的中国小将阿合娜尔·阿达克站上了起跑线，两人第一组出发。德国老将微笑着调整好起跑姿势。"预备"，她的眼神慢慢坚定。枪响，一道弧线掠过冰面，弯道摆臂，直道冲刺，步幅虽不大，但德国老将始终有自己的节奏。

第一圈，她与中国选手成绩接近；第二圈，开始落后；第三圈后，差距越拉越大……最后的直道，克劳迪娅加速冲刺，但依然落后阿合娜尔·阿达克近 5 秒。

最终，德国人以 4 分 17 秒 16 的成绩结束比赛，比自己 20 年前的奥运会纪录（3 分 57 秒 70）差了近 20 秒。当滑过终点线时，克劳迪娅没有沮丧，而是举起了双臂，像个胜利者一般，迎接属于自己的"第一"。

也许是体能透支，她弯下腰，扶着膝，大口喘粗气，但滑过看台时，她仍然抬起身，面向观众比了个爱心。又滑了 200 米，她停下来，坐在赛道边，与教练相拥了许久。

"我是笑着滑过终点线的。"克劳迪娅声音微颤，"我实现了自己的目标，这可是我的第八次奥运会。"

能在开幕式上担任德国代表团旗手，克劳迪娅说这是自己人生的高光时刻。"今天，我的成绩已不再重要，重要的是我来到了这里，滑到了终点，我为自己感到无比自豪。"

一名荷兰记者问："你是不是 20 年前就开始参加奥运会了？"

"不，是 30 年！"克劳迪娅非常骄傲，"这次奥运之旅比任何一届都特殊，在疫情下，举办冬奥变得异常艰难，但中国做到了！我能如愿来北京，非常感恩，这是我创造历史的一刻！"

纪录就是用来打破的，但克劳迪娅创造的这个"第一"，也许能在时间簿上停留很久。

（新华社北京 2022 年 2 月 5 日电
新华社记者岳冉冉、何磊静、李典、罗鑫，
原标题：《倒数第一的"速滑大妈"：我是第一！》）

46 岁的她，
再次出战！
——巴西选手雅克利娜·莫朗

梦想无关年龄大小，只要努力付出，那么一切皆有可能。

——雅克利娜·莫朗

几乎没有人能以运动员的身份分别参加在北京举行的两届奥运会，46 岁的巴西人雅克利娜·莫朗达成了这一壮举。

"和 2008 年不同，这次的气温要低很多，毕竟是冬奥会！"她向记者开玩笑说。她是史上第一位参加过八届奥运会的巴西运动员，其中包括五届冬奥会和三届夏奥会。

在 2022 年 2 月 10 日举行的北京冬奥会越野滑雪女子 10 公里（传统技术）比赛中，她排在第 82 名。此前她参加了女子短距离（自由技术）的比赛，遗憾止步于资格赛。

2022 年 2 月 10 日，雅克利娜 · 莫朗参加北京冬奥会
越野滑雪女子 10 公里（传统技术）比赛。

新华社记者 邓华 摄

在 4 日举行的北京冬奥会开幕式上，雅克利娜还和同胞一同成为巴西代表团旗手。她在 2010 年温哥华冬奥会闭幕式和 2014 年索契冬奥会开幕式上，也先后担任了巴西代表团旗手。

"我在奥林匹克运动史上留下了印记，也为我的国家创造了历史，这感觉很棒！"她说。

2004 年雅典奥运会的赛场上，雅克利娜开启了自己的奥运生涯——她首次参加了山地自行车比赛。四年后的北京，她再次参与这一项目的角逐，最终获得第 19 名。

那年盛夏，她曾骑着自行车穿梭于北京的大街小巷，攀登长城，近距离体验别样的东方文化。"我喜欢和当地人交流，他们都非常友好。"雅克利娜说，"对我而言，这是一段美好的记忆。"

年少时，雅克利娜患有哮喘，母亲便建议她坚持做耐力运动来缓解症状，雅克利娜由此与山地自行车结缘。

2005 年，一次暴风雪让雅克利娜在加拿大当地的户外训练被迫中止，却让她的运动生涯增添传奇色彩。当时，她的现任丈夫，同时也是越野滑雪运动员的吉多·维瑟向雅克利娜介绍了古老的雪上运动。至今，吉多还是雅克利娜的私人教练。

"雪上运动和自行车一样，都是在大自然中进行的，我很快便爱上了这项运动。"雅克利娜说。

山地自行车和越野滑雪部分训练方式相仿，跨界并非难事，也有诸多先例。得益于雅克利娜的运动天赋加之吉多的悉心指导，她仅用四个月便学会了滑雪，并出现在 2006 年都灵冬奥会越野滑雪女子 10 公里的赛场上。

"太出乎意料了！虽然我最终没能完成比赛，但却成了第一位参加过夏奥会和冬奥会的巴西女运动员。"雅克利娜说。

如今，雅克利娜已成为巴西奥林匹克运动史上的传奇。

在张家口回顾 14 年前的北京奥运之旅，雅克利娜认为当时的自己颇为青涩。"上一次我还不够成熟，在赛前会非常紧张，甚至不敢接受采访。"她说，"在经历了很多事情并成为一名母亲后，如今我已能更加从容地专注于自身。"

雅克利娜说："和上次一样，中国为奥运会做了很棒的准备工作，这里的赛区很漂亮，赛事组织井井有条，奥运村的各项设施也很齐全，能够再次来到中国参赛真是太棒了！"

常年坚持高强度训练，伤病不可避免地成为这位老将最大的敌人。在东京奥运会期间，雅克利娜就一直在同肩伤做斗争，并在结束东京之旅后决定结束山地自行车生涯，更加专注于越野滑雪。

虽然年龄逐渐增大，但雅克利娜的竞技状态却越来越好，她认为自己甚至在"逆生长"，相比以往更加强大。在北京冬奥会前的塞尔维亚越野滑雪赛事上，她两次斩获女子5公里第二名。

"我已经46岁了，却取得了运动生涯最好的成绩，感觉我的一切都在向相反的方向发展。"她说。

雅克利娜还将目标放在了2026年的米兰－科尔蒂纳丹佩佐冬奥会。"我也不知道为什么，心中的那团火焰依旧在燃烧，我依然非常渴望参加奥运会。"她说，"我热爱运动，它已成为我的一种生活方式。"

如今，雅克利娜乐于以自己的传奇经历激励人们追逐梦想，改变当今社会对年龄、性别的固有成见。

"有来自世界各地的很多女性写信称赞我的勇气，运动能让我感受到激情和快乐。"她说，"梦想无关年龄大小，只要努力付出，那么一切皆有可能。"

（新华社河北崇礼2022年2月12日电
新华社记者孙哲、胡虎虎，
原标题：《14年后，这名老将再次出战北京奥运》）

16 年坚守换来一块铜牌，值得吗？！

——加拿大选手布拉德·古休

一帆风顺地击败所有对手获得的金牌，和 16 年倾其所有、历经高峰与低谷走上冬奥舞台、战至力竭而获得的铜牌，意义是一样的。

——布拉德·古休

25 岁时获得的冬奥金牌，和 41 岁获得的冬奥铜牌，哪一枚意义更大？这个问题，或许只有古休和尼科尔斯知道答案。

"一帆风顺地击败所有对手获得的金牌，和 16 年倾其所有、历经高峰与低谷走上冬奥舞台、战至力竭而获得的铜牌，意义是一样的。"41 岁的加拿大男子冰壶队长古休说。

2022 年 2 月 18 日，古休领衔的加拿大队以 8：5 击败上届冠军美国队，拿下冬奥会男子冰壶铜牌。对于拥有 100 多万冰壶运动人口、几乎从未缺席任何一届冬奥领奖台的

2022 年 2 月 18 日，加拿大队选手布拉德·古休在北京冬奥会冰壶男子铜牌赛比赛中。

新华社记者 王婧嫱 摄

"世界第一冰壶大国"加拿大来说，多个项目参赛仅获一块铜牌并非很耀眼的战绩。

然而，进入混采区前，满头银发的加拿大教练不住抬手抹泪，而 42 岁的三垒尼科尔斯更是在拥抱古休时声泪俱下。只有古休保持着一贯的优雅与克制，在转过身时红着眼眶，抬手擦了擦鼻子。

"这一刻，我们一生都难以忘怀，因为我们为这一刻付出了 16 年。我和古休有了家庭、有了孩子，一些老队员走了，但我们从未放弃……"说着，尼科尔斯再度哽咽。"我知道孩子们一直在电视上看我比赛，我热爱冰壶，而他们喜欢看我打冰壶，或许这就是我付出那么多时间与牺牲坚持到此刻的意义。"

16 年前，25 岁的古休、26 岁的尼科尔斯同三名曾经的队友一起拿下都灵冬奥会金牌。古休一击获得 6 分，成为传奇，甚至有人为他写书。

"那时候，你感觉世界就在你的指尖，你觉得自己会继续得好多好多奖牌，参加好多好多世锦赛。"古休回忆说，"但冰壶是谦逊低调的游戏，是一项极具挑战的运动。"

加拿大有 1000 多个冰壶俱乐部，共 59 次称雄冬奥会或世锦赛，英才辈出。要从加拿大国内选拔赛中脱颖而出、取得冬奥会参赛资格，并不比在冬奥会拿奖牌容易。

光芒万丈后，是无底深渊——古休和他的队伍再未能登上奥运舞台，即便当他组建了一支"最棒的队伍"时，也未能如愿。看不到希望，原本配合默契的老队员相继离去，只有尼科尔斯陪伴古休。

"很多次，我感到离梦想很近了，可始终差一点。我觉得我们就像《末路狂花》里的塞尔玛和路易斯——她们在电影结尾开车冲下悬崖。"古休时常这样半开玩笑地描述他和尼科尔斯。为了再次登上奥运会舞台，他们带着近乎绝望的心情始终勇往直前。

守得云开见月明。虽然，两人都认为队伍本周比赛状态不好，但终究不是空手而归。

"多年后，回顾漫漫人生路，我会看到 16 年前那枚金牌旁边的这枚铜牌，会为自己那样义无反顾的付出而心潮澎湃。我的孩子们也会看到，也将知道，抵达梦想需要怎样的努力和专注。"尼科尔斯说。

这枚铜牌并非终点。

"两周后，我们即将参加大满贯赛事，或许比赛结束后，我们会更加振作一些。"古休笑着说，"此刻我只想赶紧回家，陪伴妻子和女儿。"

（新华社北京 2022 年 2 月 18 日电
新华社记者马思嘉、梁金雄、张悦姗、谭畅，
原标题：《16 年坚守换来一块铜牌，值得吗？！》）

2022 年 2 月 12 日，在北京国家游泳中心"冰立方"举行的北京 2022 年冬奥会男子冰壶循环赛中，中国队以 12 比 9 战胜意大利队。图为中国队选手许静韬在比赛中。

新华社记者 王婧嫱 摄

冰壶

冰上国际象棋

冰壶四人组比赛，每场 10 局，时长约 150 分钟，每局都是竞技双方智慧与技巧的激烈博弈。看冰壶，如同看一场"冰上国际象棋"——没有耐心，看不了冰壶；没有专注，看不懂冰壶。如能全心投入，人在局中，内心必定波澜起伏，看到着急处还会热得脱下羽绒服。

据现有史料记载，冰壶运动起源于 16 世纪的苏格兰。想象中，应该是一群穿着花呢格子裙的人在冰上溜石头，看谁能把对方的石头打走，自己留在大本营。19 世纪，英国维多利亚女王在访问苏格兰珀斯期间迷上了冰壶，成立了皇家苏格兰人冰壶俱乐部，这项运动便成为"贵族运动"。

"贵族"，首先得有风度。运动员们严格恪守"冰壶精神"，包括"为胜利而战，但从不贬低对手""宁愿输也不愿不公平地赢"。一名优秀的冰壶运动员首先要有崇高道德，既要有竞争意识和夺冠信心，也要尊重竞争对手，胜不骄，败不馁。

看冰壶的人需要专注，打冰壶的人更需要专注。每当细看冰壶投手的眼神，我都情不自禁被吸引——目标专一，心无旁骛，完全进入"心流"状态。

专注来自热爱，热爱促进专注。加拿大冰壶女队传奇队长琼斯以 47 岁高龄登上奥运舞台，她说："我发自内心地热爱冰壶，无论是这项运动本身，还是它带给我的（东西）。打冰壶让我感到永远年轻。"因此，她在这项运动上才有了三十多年的坚持和举世瞩目的成就。

（新华社北京 2022 年 2 月 12 日电

新华社记者马思嘉，

原标题：《记者手记：风度、专注、沉淀——我们为何喜爱冰壶》）

赢得个人第 14 金
冬残奥会六朝老将的坚守
——加拿大选手布赖恩·麦基弗

我当然希望接下来在这里能继续拥有高光时刻（追平纪录），如若不能，我也欣然受之，这就是体育竞赛的美与痛。

——布赖恩·麦基弗

2022 年 3 月 7 日，在北京冬残奥会残奥越野滑雪男子长距离（传统技术 – 视障）比赛中，加拿大选手布赖恩·麦基弗夺冠，这是他个人生涯第 14 块冬残奥会金牌，也是他第六次参加冬残奥会。他今年 42 岁。

从 2002 年盐湖城冬残奥会开始，麦基弗历次冬残奥会都有所斩获，可谓冬残奥会越野滑雪"常青树"。盐湖城和都灵两届冬残奥会，他各有两金入账；此后温哥华、索契、平昌连续三届冬残奥会，他更是惊人地各夺三金。北京冬残奥会前，他已经累计进账 13 金，所有金牌均来自越野滑雪。7日，在崇礼国家越野滑雪中心，麦基弗又延续了辉煌。

2022年3月9日，加拿大选手布赖恩·麦基弗和引导员拉塞尔·肯尼迪（前）在残奥越野滑雪男子短距离自由技术（视障）资格赛中。

新华社记者 李博 摄

辉煌源自热爱。尽管年过 40，麦基弗对于这项考验体力和毅力的运动热情不减。"对于这项运动，我依旧充满热爱和渴望，它（越野滑雪）总是让我充满激情。"麦基弗夺冠后说。

麦基弗 3 岁接触滑雪，12 岁时开始参加比赛，19 岁时因遗传父亲的眼底黄色斑点症导致视力下降，此后成为残奥越野滑雪选手。长期的训练和参赛，伤病困扰难以避免。2008 年，麦基弗训练中肋骨骨折；2009 年参加加拿大全国锦标赛时发生意外，左肱骨骨折；2010—2011 赛季，鼻窦炎和肺炎一直困扰着他；2017 年，他脊椎受伤……

尽管伤病和年龄都无法熄灭麦基弗对滑雪的热爱，但他也不得不面对现实。"我仍然热爱滑雪，每天跟队友一起训练充满快乐，但身体的伤痛告诉我，是时候放轻松些了。以后会为了乐趣去滑，而不是作为工作。"麦基弗坦言，到了退役的时候了。"如果不是因为有好的理疗师，我就不会继续站在这里了。我知道是退役的时候了，我的身体正在慢下来，尽管我还有竞争力，但慢下来的趋势无法阻止。"

不过他在北京冬残奥会的征程还没结束，他还有一个"小目标"。因为他距离冬残奥会历史男子第一人、德国高山滑雪选手格尔德·舍恩菲尔德的"16 金之最"只差两金，如果麦基弗能够复制此前三届冬残奥会的成就，他也可以成就 16 金之壮举，并列历史金牌总数之首。"我当然希望接下来在这里能继续拥有高光时刻（追平纪录），如若不能，我也欣然受之，这就是体育竞赛的美与痛。"麦基弗对此坦然面对。

坚持不懈和追求卓越的精神为麦基弗赢得诸多荣誉。在 2018 年加拿大年度体育奖评选中，他被授予冬季体育年度最佳男运动员奖；2016 年，加拿大授予布赖恩和他的哥哥罗宾"功勋奖章"。在 2022 年 2 月的"超级碗"转播中，播放了讲述麦基弗兄弟成长故事的公益广告，布赖恩一直以能为更多人带来正能量而感到骄傲。

布赖恩的非凡成就离不开哥哥的支持。罗宾曾代表加拿大参加过 1998 年长野冬奥会，退役后，罗宾一直担任布赖恩的教练，还一度身兼他的领滑员。作为加拿大最出色的冬残奥会运动员之一，布赖恩在平昌冬残奥会开幕式担任旗手，盐湖城冬残奥会闭幕式上，他也曾担任代表团旗手。

（新华社河北崇礼 2022 年 3 月 7 日电
新华社记者张荣锋、潘毅、季嘉东，
原标题：《赢得个人第 14 金 冬残奥会六朝老将的坚守》）

STAFF

冬奥盛会·

幕后英雄

颠覆传统
"不点"主火炬

——张艺谋及主创团队
详解北京冬奥会开幕式

极具诗意的倒计时设计、晶莹剔透的"冰雪五环"、浪漫唯美的雪花火炬台、璀璨夺目的数字光影、独具创意的环保点火,绘就恢宏壮美的视听盛宴……2022 年 2 月 4 日晚,举世瞩目的北京 2022 年冬奥会开幕式在国家体育场"鸟巢"成功举行。开幕式总导演张艺谋等主创团队成员接受新华社记者独家专访,详解开幕式创意理念、数字科技、火种点燃等鲜为人知的幕后故事。

2022 年 1 月 24 日，开闭幕式总导演张艺
谋接受新华社记者专访。

新华社记者 彭子洋 摄

从"我"到"我们"：最大伏笔是雪花

张艺谋介绍说，本次开幕式从设计之初就确定，不再过多呈现中国 5000 年的历史和文化，因为2008 年奥运会已经充分展示了自己，而这次希望从展示"我"变为展示"我们"，展现"一起向未来"这样人类共同的情感，描绘今天的新时代。

"一朵雪花"展现"一起向未来"

"有人问我开幕式最大伏笔是什么，我回答'是一朵雪花的故事'。"他举例说，最开始观众得到的礼包、倒计时短片、参赛国家和地区引导牌、演员服装、部分表演的背景、主火炬，都有"一朵雪花"贯穿始终。

张艺谋用了一中一西两句话形容——李白的诗"燕山雪花大如席"和西方俗语"世界上没有两片雪花是相同的"。"这是我们精心设计的一种贯穿，每一朵雪花、每一个国家和地区汇聚在北京，就会成为一朵最璀璨的雪花。"

"屏幕中，AR（增强现实）雪花在地球的映衬下同步下落汇聚，象征人类命运共同体的大雪花遨游天际，最终飞回地屏中心。在万众瞩目下，一个含有所有参赛国家和地区名称、长约 15 米的雪花形火种装置缓缓升起，浪漫纯洁、熠熠生辉，闪耀'鸟巢'中央、直击观众内心，象征全世界人民紧密团结在一起。"开幕式视效总监王志鸥阐释道，"特别

2022 年 2 月 4 日晚，第二十四届冬季奥林匹克运动会开幕式在北京国家体育场举行。图为开幕式上的"构建一朵雪花"环节。

新华社记者 薛宇舸 摄

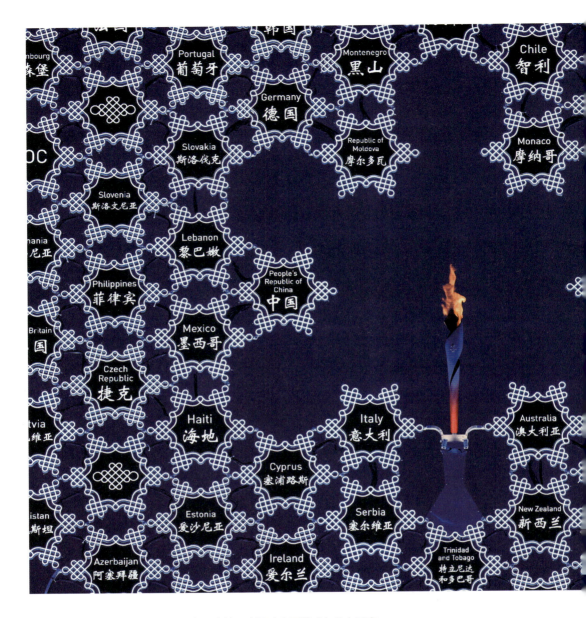

2022 年 2 月 4 日晚，第二十四届冬季奥林匹克运动会开幕式在北京国家
体育场举行。图为北京冬奥会主火炬。

新华社记者 曹灿 摄

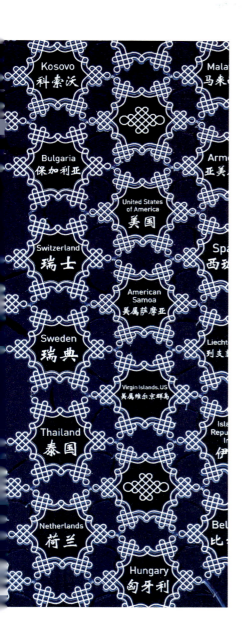

是在疫情下举办的本届冬奥会，这朵雪花讲述的不仅是'我'的故事，更是'我们'共同的未来，凸显人类命运共同体的重要意义，昭示全世界必须团结互助，才能战胜困难。"

从"大火"变"微火"：为何"不点"主火炬？

点火的颠覆性设计前所未有

"这次开幕式最大的创新是点火方式和火炬台设计，可谓百年奥运史上前所未有：将熊熊燃烧的奥运之火，幻化成雪花般圣洁、灵动的小火苗，这一创意来自低碳环保理念。"张艺谋介绍，奥运火种是奥林匹克精神的重要象征，随着环保理念愈发深入人心，他坚信以往熊熊大火的形态总有一天要改变，而北京冬奥会恰好抓住机遇。"这种改变是颠覆性的，有时我甚至问自己是不是离经叛道了。最终，这一方案获得国际奥委会支持，说明无论火焰大小，只要点燃大家的心中之火，就是最璀璨的圣火！"

此前，历届开幕式的点火方式都是在如何"点"上做文章，而此次，最大的变化就是"不点"，把最后一棒火炬直接放在主火炬台上。"大家的第一反应一定非常意外，观众有疑问其实挺好，相信这种点火方式能很好地普及低碳环保理念。"张艺谋说。

"我和我的祖国"： 开幕式最大的行为艺术

"整场开幕式由来自各行各业的普通群众、志愿者和运动员共同完成，共约 3000 人参与。"张艺谋说，"开幕式重在提高大众的参与度，把当今中国老百姓的精神风貌展现在全世界面前。"

国旗手手相传

开幕式上传递国旗的人，包括中国各行各业的代表和 56 个民族的代表。他们用手手相传的方式，表达人民和国旗之间的情感和关系。与此同时，一名儿童小号手吹响《我和我的祖国》旋律。

张艺谋说，国际奥委会允许举办国在国旗入场的重要环节有一些精心设计。"普通百姓手手相传，看似没有什么激动人心的表演，但最直抵人心——人民的伟大，我们的国家就是由我们的人民构成的。"

致敬世界人民

在致敬人民的环节，来自世界各地的 76 名年轻人，同向同行、并肩向前，他们走过之处，形成一条由照片组成的影像长河，展现全世界休戚与共、共克疫情的画卷以及运动员为梦想拼搏的激情瞬间。"这是向全世界人民致敬，舞台两边的中国结象征着团结，而他们走过舞台后，又幻化为'一起向未来'的冬奥口号。"张艺谋说。

各界群众参演热场舞蹈

"在热场环节，从 5 岁的小朋友到大中小学生，再到 70 多岁的老年模特队齐上阵，用百姓喜闻乐见的广场舞，展现新时代中国人民的精神面貌和喜迎新春的欢庆气氛。"张艺谋介绍，按惯例，热场环节基本是"串烧表演"。"但这次我们打破常规，参演者不需要统一着装，而是穿上自己喜欢的衣服开心表演，尽情表达普通百姓的真挚情感，让全世界感受欢乐祥和的中国年味和冬奥激情。"

山区孩子演唱奥林匹克会歌

奥林匹克会旗入场后，来自河北阜平山区的孩子们用希腊语演唱奥林匹克会歌，飘荡全场。张艺谋说："阜平县曾是国家级贫困县。在党的领导下，中国如期打赢脱贫攻坚战，曾经贫困的山区如今旧貌换新颜，孩子们也戴上河北民间艺术家设计的'虎头帽'，站上奥林匹克大舞台，用质朴歌声诠释'更快、更高、更强——更团结'的奥运理念。"

萌娃上冰雪，未来的冠军

开幕式上，萌娃们在冰雪上大胆尝试、快乐玩耍的视频短片极具感染力。"自去年11月起我们开始收集这些可爱的素材画面，加紧制作完成。"谈及创作初衷，开幕式外拍短片组负责人李志伟说，"带动三亿人参与冰雪运动要从娃娃抓起，冠军将在萌娃中诞生，所以这部短片片名就叫'未来的冠军'。"

2022年1月15日，在国家体育场（鸟巢）后台，马兰花儿童合唱团的孩子们彩排前与总导演张艺谋合影。

新华社记者 许雅楠 摄

"中式美学"诗情画意："二十四节气倒计时"展现文化自信

张艺谋说，本届冬奥会开幕式不再着重展现声势浩大、人海战术的节目，而是通过多个创意亮点展现传统中式浪漫和美学。

二十四节气倒计时

2008 年奥运会，震撼人心的 29 个焰火大脚印，壮观的击缶倒计时，让无数国人记忆犹新。而这次，二十四节气倒计时同样彰显中国风。"开幕式当日恰逢二十四节气中的立春，这是完美巧合，寓意万物生长、新的开始。"谈及创意来源，张艺谋说，二十四节气凝聚着中国人观察自然的古老智慧，展现春夏秋冬时节更替中的如画江山，饱含冬去春来、欣欣向荣的诗意气韵，蕴含中国人的生命观、价值观和宇宙观。

"在展现方式上，我们将每个节气选取一种代表性意象，配以或唯美、或动感的冬奥和冰雪画面，与奥运主题紧密契合，实现古今相通、耳目一新。"开幕式视觉艺术总设计蔡国强举例说，"提到清明，大家都会想到'清明时节雨纷纷'，这与运动员训练时挥汗如雨有某种相通之处，节气的风物意象与冬奥紧密相扣。"

对于二十四节气能否为外国观众所理解，张艺谋坦言，他也曾有忐忑。"我们反复斟酌，尽量用外国人看得懂的方式阐释节气的意义。艺术是共通的，要坚持文化自信，相信外国观众能够感受到我们想传递的唯美意向。"

"立春"呈现"天人合一"

冬去春来。倒计时短片结束时，一段以"立春"为主题的表演璀璨登场，数百名演员手持发光杆营造光影互动的美感，寓意春天的花朵在纯净的地屏"冰面"上绽放。

"每一根发光杆在'冰面'映射出层层绽放的花朵纹理，象征春的勃勃生机。天空中出现绿色的'立春'字样焰火，让'春来到、万物苏'的振奋和力量直冲云霄。窗格内柳条摇曳，在裸眼 3D 的立体效果中，观众如同置身绿意盎然的江南园林。"王志鸥详解道，该节末尾，一朵蒲公英缓缓飘扬在场中，场地一侧的儿童轻轻一吹，种子随风飘散，逐渐升空，幻化成璀璨焰火，完成了由裸眼视效到物理空间再到实境表演三者的完美结合，与此同时联动焰火表演，实现了由"地"到"人"再到"天"的观念延续。

"冰雕中式门窗"开门迎客

"约 50 分钟的奥运会入场式环节必不可少。如果没有巧思，观众势必感到冗长乏味。"王志鸥介绍，为此视效团队在竖屏的"中国门"和地屏上运动员的行进路线上特别设计冰雕中式门窗纹样，寓意开门迎客，地屏窗外则轮播中国一年四季的大好河山。

张艺谋说："我们的门窗纹样大概变化了三四十次，体现了中国文化源远流长的丰满感。"

奥运史上最大光影"冰面"：呈现全新视觉盛宴

开幕式上，巨型"冰面"地屏、闪亮"冰雪五环"、AR 效果雪花等数字光影特效轮番亮相，实现多维视觉效果。开幕式灯光总设计沙晓岚介绍，为实现逼真的冰雪效果，整场开幕式运用实时捕捉、裸眼 3D 等多种演艺设备和技术，其中不少为全球首创，可以说是一项庞大复杂的数字创新工程。"其中，视效项目涵盖 17 个流程环节，包含 5800 多秒数字内容，约 29 万帧，渲染时长约 2430 机时。地屏（冰面）和竖屏（冰瀑）的视频分辨率极高，总面积约 15 个 IMAX 大小。"

2022 年 2 月 4 日晚，第二十四届冬季奥林匹克运动会开幕式在北京国家体育场举行。

新华社记者 武巍 摄

奥运史上最大"冰面"

整场开幕式中，表演者的舞台是一块巨型光影地屏，营造出超大"冰面"的视效，每一秒地屏画面都在根据节目的调整而变化，或空灵或浪漫，呈现独特美学。"2008年奥运会，我曾想用这种方式，但当时的技术尚不成熟。"王志鸥说，"如今这块地屏成为奥运史上最大的'冰面'，也是开幕式最大亮点之一，展现出中国科技和演艺技术的迅猛发展。"

视效团队成智慧"大脑"

地屏制作和演艺涉及软硬件、播控等多项课题。"我们几乎如同开幕式的智慧'大脑'，根据张艺谋总导演的创意，不断优化节目的各个环节。"王志鸥说，首先，视效团队将所有创意内容全部数字化，使所有主创、编导、演员等一目了然，提高设计和排演效率；第二，在硬件方面，对光影屏清晰度、色温、分辨率、附着材料等硬件参数进行大量研究，使它既能达到流光溢彩的效果，又能最大限度接近冰雪质感；第三，对"鸟巢"360度视角下的表演不断设计研究，布设机械装置，满足现场和电视机前观众的视觉需求。

"冰雪五环"设计400多版

在"冰雪五环"展示环节，一滴墨从天而降，逐渐幻化为黄河之水，滔滔不绝，在场地上奔流。"山水画"与"黄河水"的观念相结合，展现了一幅兼具传统美学与现代科技的图景。飞流直下，奔汇成"冰"，场地中央"一方水"从"冰面"中升起，凝固成冰。当其升至最高点时，由激光点亮为冰立方。水墨动画风格的运动人形和冬奥会历届举办地名称在冰立方中变换闪烁。随着冰球运动员的挥杆，冰球冲出，冰立方在激光雕刻效果下渐渐碎裂，一个晶莹剔透的"冰雪五环"在冰立方中逐渐显现，缓缓升空……张艺谋对该环节的创意设计这样评价："有科技含量、有文化韵味，又有炫酷的现代感。数字光影的'冰雪五环'与'巨型雪花'交相辉映，这是人类文明与奥运精神的交流与对话。"

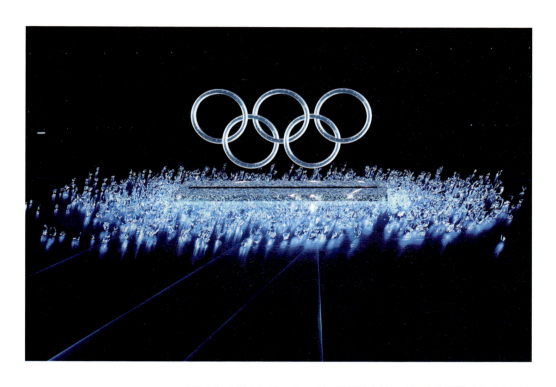

2022 年 2 月 4 日晚，第二十四届冬季奥林匹克运动会开幕式在北京国家体育场举行。图为开幕式上的"冰雪五环"环节。

新华社记者 孟永民 摄

回忆该环节设计过程，王志鸥感叹"太曲折、太艰难"。"创意中，大到'黄河之水'的视觉图案设计、'冰雪五环'的屏幕拼接，小到如何使'冰立方'撞击形成的碎冰'跳跃'更为灵动，都需要细致的数字设计和研究。"王志鸥举例说，"团队先形成以项目管理、视觉设计、多媒体设计、装置设计等工种为构架的研究小组，对该环节的动态演绎制作 80 余版，设计效果图 400 多版，完成动态视效内容 3000 多秒。屏幕中的水流图像，是经过图像处理算法，机器'学习'大量中国传统水墨画，建立水墨纹理特征模型，以此生成风格化的山水图像。我们将三维动画转化为激光机需要的点位数据，并实现快速的效果迭代，满足创意更新需求，这是数字科技对中国传统水墨风格的解构与重塑。"

2022年2月4日晚，第二十四届冬季奥林匹克运动会开幕式在北京国家体育场举行。图为焰火表演。

新华社记者 李鑫 摄

大规模实时动态捕捉创纪录

沙晓岚介绍，在"放飞和平鸽"和主题歌演唱环节，孩子们拿着一只只可爱的发光小鸽子自由欢愉地奔跑，与脚下晶莹闪亮的"星星雪花"嬉戏互动。这一浪漫场景，全部由人工智能动作捕捉技术实现。

"这一表演，由视效团队结合 AI 实时特效团队开发的一套基于人工智能的大规模位置识别与实时图形渲染系统完成。该系统无须表演者穿戴任何设备，基于视频信号即可完成同一时间内对 600 多名演员的位置追踪，其高精度、低延迟等特性使现场直播画面更自然、更逼真、更浪漫。"王志鸥介绍，在 1 万多平方米的场地上用人工智能技术对这么多名演员逐一进行动态捕捉和实时互动的表演，全世界还是首次。"这次，我们成功了！"

冬奥焰火："双线五环"寓意"双奥之城"

焰火用量仅为北京夏奥会 10%

"开幕式焰火表演秉持简约理念，时长总计仅约 3 分钟。环保弹药虽只有 1800 发，用量仅为北京 2008 年奥运会的 10%，但更需精益求精。"蔡国强介绍，这次不再过多使用氛围焰火，而为冬奥会专门开发"雪花""冰花"等多种造型的焰火品种，营造空中的"北国风光"。"同时，这次使用的特效烟花主要产自湖南、河北等地，均是高科技环保微烟化焰火，力求环保、安全。经过对发射药成分的改进，焰火药剂无毒、微烟，大大减少了烟花燃放时对环境的影响。"

双线立式五环寓意"双奥之城"

"当五环形状的焰火亮起，观众又回忆起 2008 年北京奥运会那个充满激情的夏天。"蔡国强说，"但与 2008 年单线卧式五环不同的是，本次开幕式闪耀的是双线立式五环，有'双奥之城'之意，颜色更好看，造型也更饱满。"

"迎客松"体现焰火设计水平

"开幕式期间，盆景状的'迎客松'焰火在'鸟巢'上空绽放，场馆与焰火巧妙结合，既寓意欢迎全球运动员和观众，又为新春佳节增添绿意点缀。"开幕式焰火执行设计及技术总监蔡灿煌介绍，"迎客松"燃放虽然只有十几秒，但它是所有焰火品种中试验次数最多的。"烟花炸开时本来呈立体四散喷射状，但'迎客松'造型要求焰火只能向上喷射形成松针形状。对此我们根据'树干'和'树杈'的比例、造型高度，安排弹药发射和炸开时间点等要素，对传统焰火产品加以改造，并历经多次试验，最终获得成功，体现出较高的焰火设计水平。"

（新华社北京 2022 年 2 月 4 日电

新华社记者：周杰、周宁、姬烨、王璐、黄可欣、高萌、王楚捷）

会歌，
从溪谷山岳间
传来……

2022 年 2 月 4 日晚 10 时许，奥林匹克会旗在国家体育场"鸟巢"再一次缓缓升起。

所有观众全体起立行注目礼，"鸟巢"安静了。仿佛世界都安静了。

奥林匹克会歌渐起，十多米高的旗杆下，孩子们眼神坚定、声音干净。

"溪谷、山岳、海洋与你相映生辉，犹如以色彩斑斓的岩石建成的神殿。"（歌词大意）

唱歌的这群孩子，正是从溪谷山岳之间走来。

寻找泥土的芬芳

2021 年 9 月 28 日，这是马晓静第一次到阜平的日子。

从北京到太行山深处，她和同事徐洪业带着选角任务，跟着导航跋涉了 300 多公里。

从 1896 年第一届现代奥林匹克运动会开始，几乎每一届奥运会，都有会歌环节，每个东道主国家都会用自己的方式演绎这首难度极高的希腊语歌曲。

一次讨论会上，北京冬奥会开闭幕式总导演张艺谋提出"想找一群朴素的孩子来唱"。

"可什么才是朴素？我们这个节目到底想要给全世界的观众呈现什么？"马晓静思索了许久。

这并不是导演组的第一次尝试，在此之前，他们也找了不少地方，却始终没能收获那种"一瞬间被打动的感觉"。

在路上，她不断脑补想象孩子们的样子，有些忐忑，也有些期待。

与此同时，马兰小学，许多孩子也正在教室里等候这两位北京来的导演。

无人知晓，崇山峻岭间，一条奇妙的连接线正随着车辙悄然形成。

"可爱、干净、羞涩"，这是马晓静对孩子们的初印象。"有的小孩，你能看到她眼神中充满了好奇，很想要上来搭话，但就是不好意思，躲在老师后面。"

休闲服、小布鞋，眼神单纯，好奇又躲闪，孩子们身上的诸多细节和扑面而来的生机，逐渐具象了她心中对会歌节目的想象。

"我忽然理解了总导演的想法，我们敢于让这群最不加修饰、最质朴自然、最天真烂漫的孩子走出大山，带着未知与好奇，去最大的舞台上快乐歌唱，这本身就是一种自信。"

走访了附近所有小学，他们初步选定了一批孩子，简单录制了一段合唱视频。

几天之后，马晓静带着视频回到北京，导演组第一次听到了孩子们的歌声，嘹亮中带着稚嫩，甚至还有点跑调。

视频播完后，工作间内出现了短暂的寂静，几乎现场所有人都感受到了一种难以言喻的震颤，那是一种来自山野间的直白自然，一种来自溪谷畔的纯稚烂漫。

寂静最终被总导演张艺谋的掌声打破："就是它了，孩子们的声音是天籁，这就是我要找的那种——泥土的芬芳。"

大山里的歌声

马晓静再次见到孩子们是在 2021 年 11 月底。

深秋的风有些许料峭，那天是村里一条小路的贯通仪式。村民们自发地搞起了音乐会，不少孩子都在现场。

胆子大一些的孩子望见她，一改初见时的羞赧，从远处飞奔过来和她拥抱。

由于开幕式工作千头万绪，马晓静没能扎在阜平陪孩子们训练，但是几乎每一天，她都会通过视频关注孩子们的训练情况。

上次的阜平之行敲定了会歌环节的大致人选，孩子们迅速集结到城南庄八一小学训练。

当时距离开幕式还有四个月左右的时间，一群完全零基础的孩子，一首难度极高的希腊语歌曲，纯人声无伴奏合唱的表演形式。

如此情况，放在任何专业人士面前，都是极大的挑战，更何况是在这样一所条件算不上太好的乡村小学。

沉默大山之中，几条命运的线正在缓缓相交。

退休教师付宝环，希腊语老师秦烨臻和他的助手林嘉濠从北京赶来；音乐学院院长张红玉，带着专业团队从保定赶来；八一小学组织起年轻教师，全程陪伴，与孩子们同吃同住；城南庄镇上几所学校的校长紧急开会之后决定轮番值班，每天开自己的车接送孩子上下学……

一夜之间，八一小学最内侧的那栋教学楼，格外热闹。

声乐老师根据孩子们的特点制定了一份教学计划，用张院长的话来说，这

2022 年 1 月 10 日，在酒店会议室，马兰花儿童合唱团的孩子们在保定学院音乐舞蹈学院合唱指挥教师马孟楠的指挥下排练。

新华社记者 彭子洋 摄

是任何地方都"无法复制"的经验。乐理零基础，就用肢体动作来辅助记忆；调皮捣蛋坐不住，就在课上带孩子们边做游戏边练歌……

希腊语老师把这首晦涩难懂的歌尽量翻译成孩子们能接受的中文。"伟大的精神永远不朽"，这是大眼睛女孩陈思彤理解的会歌。

为了增强孩子们的肺活量与抵抗力，生活老师每天清早都会带着孩子们晨练，辅导作业、整理发型，从心理状态到饮食起居，无微不至。

从此，奥林匹克会歌每天都会萦绕在这座小镇上空。孩子们对着家人唱、对着动物唱、对着溪流唱、对着远山唱……

2022 年 1 月初，孩子们唱着歌坐上了开往北京的大巴车。

人是一颗种子

人是一颗种子，灵魂汲取什么，就会成长为什么。

夜幕降临，沿着北京庄严肃穆的中轴线再向北，能看到一座巨型建筑物——国家体育场"鸟巢"。

无数条线交汇出这座建筑的钢架外壳，红色的内墙被灯光点缀着，像是一团跃动在"鸟巢"之中的火焰。

"鸟巢"，斗转星移间见证了奥林匹克之火再次熊熊燃烧；见证了 14 年间这块土地的巨变；也见证了无数光荣、奇迹与梦想。

李政泽的房间恰好能够看到"鸟巢"一角。

他的世界曾经很小。

上学的路，不到两公里。家住高速路出口附近，每天早晨，他需要过一座桥，再沿着 207 国道走一小段就能到学校。

除了这次参加开幕式，李政泽最远去过一趟承德。很小很小的时候他曾经随着家人去北京顺义探过亲，但年纪太小，没能留下什么印象。

出生于 2010 年，喜欢篮球和田径。14 年前那场"无与伦比"的盛会对于这个还不到 12 周岁的孩子来说仅仅是存在于电视和互联网上的历史画面。

被选入合唱团之后，一个小小梦想在政泽心里生了根。——"老师说，如果表现够好，说不定能有机会去北京，在'鸟巢'里唱歌。"

"我想看看'鸟巢'里面什么样，想看看那时候的会歌是怎么唱的。"为了充盈这个梦想，他自己在网上刷了无数遍 2008 年奥运会开幕式的视频：姚明牵着林浩入场、李宁举着火炬在空中跨越历史长卷……虽然从未亲历，但几乎所有细节他都了如指掌。

设想过无数次去北京的情景，李政泽却怎么也没能想到，真正踏上旅途的时候，自己晕车了。

"我在车上迷迷糊糊，下车就只想睡觉"。

坐大巴从阜平到北京的车程将近四个小时，这群大山里的孩子大都还没太习惯长途旅行，兴高采烈地上车，一路晃悠下来，几乎全都晕得七荤八素。

这种不适没有持续很久，到北京简单休整之后，孩子们就立即进行适应性训练，进入了那个梦寐殿堂。

李政泽还记得自己踏入"鸟巢"时的第一反应——"好像跟视频里不太一样，这里怎么这么大？"或许是面对巨大体量差距时本能的紧张，也或许是实现日思夜想愿望的不真实感。第一次排练时，很多孩子的声音都在颤抖。

舞台上的这种紧张感甚至也传染给了梁佑麟——那个全团最自信也最淘气的孩子。

梁佑麟的调皮捣蛋，几乎到了人尽皆知的程度。教过他的语文老师说："他去集训之后，班里都没以前那么热闹了。"

为了让儿子静下来、坐下来，妈妈赵星打算带他学美术、学书法，结果转了一圈，梁佑麟在打架子鼓的教室门口拔不动腿了。"我心想还是尊重一点他的意见，想学就试试吧。能坚持最好，不能坚持，反正咱也试过了，不让他后悔。"赵星和丈夫商量了一下，还是咬咬牙，给儿子买了一套价格相当于她两个月工资的鼓。

出发之前，爷爷问他想家怎么办，梁佑麟扭过头去装酷："想什么家！"

一周后，视频电话里，他笑嘻嘻地跟妈妈介绍了"鸟巢"的情况，俨然像个小导游。"妈妈你看，这是'鸟巢'，特别大还有地下室……"

快乐的事情说完了，梁佑麟情绪开始不对。"我看他眼睛有点泛红，就赶紧挂了电话，不能让他想家。"赵星说。

这次开幕式，所有孩子都是第一次远离父母，第一次在外过年；与此同时，由于疫情和紧张的训练，孩子们到北京之后的生活几乎都是两点一线，这对充满好奇、生性爱玩的孩子们来说是不小的挑战。

农历新年之际，老师们征集了大家的愿望，想在能力范围内尽量满足孩子们。很多递上来的小纸条上写着——"想去天安门看看"。

时间回到 2022 年 2 月 4 日，"在台上我们就把观众想成山上的大树、天上的星星。"孩子们用自己的方式克服了紧张。

圣洁、美妙、童真。他们近乎完美地完成了这首会歌。在举世瞩目下，提着气息、挺直腰板，把自信和快乐传递给了全世界。

演出完毕，灯光暗下来。孩子们最后一次排着队，从西南角的通道走下舞台。

2月5日，晨光熹微，又是一辆大巴，载着他们来到了天安门。

这是立春后的第一个清晨，也是演出结束后，孩子们走出"鸟巢"的第一天。

（新华社北京2022年2月5日电
新华社记者高萌、李丽、姬烨）

她是那道光，
照亮了
马兰花儿

邓小岚在指导孩子们学习音乐。

2022 年 3 月 19 日下午 5 时许，邓小岚老师在河北省阜平县马兰村做音乐节准备时突发脑梗，经医治无效，于 3 月 21 日 23 时 48 分平静离世，享年 79 岁。

"如果有一天，你来到美丽的马兰，别忘记唱一首心中的歌谣，让孩子们知道，爱在人间……"

2021 年 11 月底，为了收集北京冬奥会开幕式奥林匹克会歌演唱环节的新闻素材，我们走进太行山深处，采访了一群大山里的孩子，也采访到了孩子们背后一位低调朴素的老人——邓小岚。

第一次见到邓小岚，是在马兰小学的音乐教室里。那天下午阳光很好，斜斜地洒进房间里，她就那样坐在画满五线谱和音符的黑板前，把自己与马兰的故事娓娓道来。

邓小岚是原晋察冀日报社社长兼总编辑邓拓的女儿。1943 年，烽烟四起、战火连天。为了隐蔽起来办报，晋察冀日报深入太行，驻扎在阜平县马兰村。在一次扫荡过程中，村民们为了保守秘密，付出了生命的代价。"他们真是不管怎么胁迫，都不讲的，结果敌人在那两天的时间里头连续杀害了 19 个乡亲。"邓小岚哽咽着说。

而她自己，也是在这样的反扫荡时期诞生的。在一次转移途中，母亲丁一岚临产，在山间的一座小破棚子里生下了她："我妈妈说是我清早的时候，太阳刚出来的时候出生的，然后接着就给担架给抬回报社了。"

时局动荡，加之父母工作特殊，报社再次转移的时候，邓小岚被留在了阜平。村子里一对老夫妇喂养了她 3 年，直到 1949 年抗战胜利了，才把她送回父母身边。

"所以晋察冀日报的那些老同志，把马兰村当作自己的第二故乡那样的。非常惦念着马兰的村民。"

2003 年的一次偶然，改变了邓小岚之后的生活。

她和报社的老人们回马兰扫墓，刚巧碰到当地的少先队员也在扫墓。

"我提议说给爷爷奶奶唱歌，但他们什么歌都不会唱。我心里挺难受的。后来我就想，我要有时间，一定教他们唱歌。"

转过年来，她就兑现了承诺。每年拿出很多时间驻扎在马兰村，在她父母曾经战斗生活过的地方，教孩子们唱歌并学习乐器。从《二小放牛》到《欢乐颂》，从《团结就是力量》到《在那遥远的地方》，邓小岚始终相信，音乐教育会让孩子们受益终生。她说，"歌曲里头都是诗，是人类文化里最美、最精华的东西。学习音乐之后，孩子们的情感会发生变化，性格会变得开朗。"她也坚信，"如果有人教，农村的孩子一点不比城里的差。"

"有一次我们到上海去参加一个国际青少年音乐夏令营，有很多国外的学生乐队，在音乐会的最后，大家一起唱《友谊地久天长》。小志愿者就过来说，如果你们不会英文，可以到最后跟大家一起唱中文的就可以。我说，我们会的，因为我教过他们唱。"

"我就要给孩子们这样一个信心，让他们在任何场合都一点不怯场。"邓小岚说出这句话的时候，眼神温暖又明亮。

2006 年，邓小岚在马兰小学成立了第一支小乐队。说起招募标准，她笑眯眯地说："我的原则是孩子们喜欢，我能让他们感到音乐的快乐，那就来跟我学。"

北京奥运会结束之后，邓小岚还曾自费带着小乐队的成员们来到北京，天安门、鸟巢、水立方、动物园……她陪着孩子们几乎逛遍了整座城市。"我第一次带他们到我家里住，我爱人天天给他们熬粥、蒸米饭……不光要有一技之长，也想让他们有机会去看看外面的世界。"

直到采访当天，她还清晰地记得大部分孩子的去向。"（小乐队第一批）6个小孩全都大学毕业了，都是学理工的。还有一个男孩子可能都该工作第二年了，他当年考的河南大学。当初我特别高兴，因为河南大学是我父亲毕业的学校。"

一届又一届的孩子们毕业了，邓小岚的小乐队却始终在。"我老说，我变老了，但是我们小乐队老也不长大"。从最初的一个月来一次马兰，到后来随着乐队孩子们增多，基本扎根在马兰，有人问她，为何不安享晚年？她却说，只要孩子们高兴，她就高兴，"不是好多老人都喜欢旅游吗？我就喜欢到马兰旅游。"

2013 年，她看到关于德国森林音乐节的报道，音乐流淌在山林之间，沁润着每一位听众的心田。"我觉得应该给孩子们创造一个机会，让他们能够表演……另外，我们马兰的山水也挺漂亮的。"

她在山间的瀑布旁找了一块空地，搭了个简易的"鸽子舞台"，"我觉得寓意也挺好的，鸽子又像一只大手一样，托起孩子们的梦想，托起我们的未来。"第一次音乐会，制造了一场不小的轰动，十里八村的乡亲们纷纷跑来看，连对面的山头上，都站满了人。

这次演出的成功，不光让孩子们备受鼓舞，也让邓小岚有了一个更大一点的梦。纯户外的舞台，极易受天气影响，她开始琢磨着搭一个好一点的舞台。朋友介绍的一位设计师曾做出一个"月亮舞台"的方案，尽管处

2022 年 1 月 15 日，在国家体育场（鸟巢）后台，原马兰小乐队创始人邓小岚（中）彩排前陪伴孩子们候场。

新华社记者 许雅楠 摄

处都满意，但这个计划却因种种原因被搁置了 8 年。

直到几年前，"月亮舞台"再度被提上日程，邓小岚联系了当年那位设计师，才发现 8 年来，尽管这个设计在国际上拿了大奖，也有许多人想用这份方案，但设计师没有把它给任何人。

月亮舞台
新华社发

问及原因，设计师说："我觉得当初接这个事情的时候，真的就像一个梦一样，我到马兰就觉得那是一个童话一样的世界。山里有一个老师带着一群小孩，他们想做个音乐会，我就帮他们设计了一个月亮舞台。我觉得这个舞台就要建到马兰村。我宁愿永远是一个梦，不要破碎。"

"月亮舞台"终于接近竣工的时候，铁罐山下、胭脂河畔，悠悠地飘来了一个更宏大的梦。马兰的歌声，从小岚老师的音乐教室、从山林间的小小舞台，传向了更远的地方——北京冬奥会开幕式现场。

邓小岚回忆起刚知道这个消息的感受时说："我根本不会想到是这样的事情。"

原来，冬奥会开闭幕式团队看到了媒体关于马兰小乐队的报道，他们也最终决定让这些"散发着泥土芳香"的孩子们在开幕式演唱奥林匹克会歌。

随后的几个月，北京、河北请来的专业音乐老师、希腊语老师给孩子们进行了密集的训练，邓小岚虽然口头上说担心影响孩子、"尽量少掺和"，但她还是经常安静地坐在教室一角，看着孩子们歌唱。得知孩子们要用希腊语演唱奥林匹克会歌的时候，她还特意提前确认了时间，赶到学校和孩子们一起上课。

从阜平，到北京，小岚老师一直和孩子们待在一起。在酒店休息时、在鸟巢候场时……总能看到这样一位老人，寡言却亲切，始终在角落里，默默地凝望着、陪伴着孩子们。

距离开幕式正式表演还有 4 天的时候，小岚老师曾向记者表示："我想我们小孩一定会表现得很好的，到时候我会在现场。"

2022 年 2 月 4 日，开幕式正式演出那天，孩子们果然没有怯场。他们专注、投入，勇敢而明亮。用高水平的演出，打动了全世界。

冬奥会结束，又快到了春暖花开的季节。孩子们满载而归，邓小岚也像往常一样，再次奔赴马兰，筹备音乐节。

无人料想，意外先至。

舞台之下，将再也没有小岚老师充满爱意的凝视。

邓小岚老师的子女在讣告中说："妈妈生前最后的 18 年里，把大部分时间和精力投入在河北省阜平县马兰村的儿童音乐教育，这给她带来快乐和满足；北京冬奥会马兰花合唱团的孩子们演唱的奥运会会歌获得世人高度赞扬，更将她的快乐推向高峰，她在自己生命的高光时刻离去，而且走得安详平静，这也是对我们最大的慰藉。"

小岚老师曾说，自己身体很好，就算频繁乘坐长途车，也不知道晕车是什么感觉，下车后也不需要躺着歇着，马上就能来到孩子们身边。古稀之年，她甚至还嫌弃先前的电动自行车马力太小。然而这一次，她却走得太快。

曾经有人问过邓小岚，月亮舞台有没有什么特别的寓意。

她回答道："也没什么特别的寓意，月亮就是月亮，在水里，在天上，在哪都能看见它。"

今夜，愿这温柔月光，也能照亮远方。

（新华社北京 2022 年 3 月 22 日电

新华社记者 高萌、姬烨）

志愿者的微笑，
温暖了
闭环的冬天

2022 年 2 月 9 日晚，在河北张家口国家越野滑雪中心，一位冬奥会志愿者的睫毛上结出冰珠。

新华社记者 彭子洋 摄

烟花绽放的鸟巢、寒风吹彻的站台、灯火通明的主媒体中心、赛事激烈的场馆……北京冬奥会闭环内，志愿者无处不在，他们为来自世界各地的人们奉献了极致温馨的服务，和令人难忘的笑容。

"他们甜美的微笑让我感到温暖，我忍不住想回馈他们一些什么。然而，我什么也没有，只能送他们甜味儿的巧克力。"在冰壶赛事场馆"冰立方"工作的瑞士广播电视集团制作和技术人员塞巴斯蒂安·那奥迪恩说。他出门前，常在口袋里装几块家乡带来的巧克力，送给遇到的志愿者。

接受冰壶主题采访时，世界冰壶联合会主席凯特·凯斯尼斯特意对着镜头强调："我还想说，我在中国见到的这些志愿者们，真的是全心全意在照顾每一个人，世界各地的朋友都在对我说，中国的志愿者多么了不起，是如此友好，让我们感到宾至如归，让我们感到身处故乡。我要对所有的志愿者大声说'谢谢'。"

20 岁的陈薇伊是外交学院一名大二学生。深夜的主媒体中心站台旁，时常可见这个梳着麻花小辫的姑娘一边冻得直跺脚，一边用流利的英语解答等车的世界各地记者提出的各种问题。

按照规定，人流少时，户外志愿者只需站半小时就可换岗。"但是经常会有外国朋友在这里孤单等车，就忍不住想多陪他们一会儿。"陈薇伊说。刚来时，她因不能在场馆工作而遗憾，如今非常开心，因为她收获了许多徽章，这代表着对她工作的认可。

有人问："站在这里又冷、又不能看比赛，有什么好的？"陈薇伊反驳说："我们是来做志愿服务的，不是来给自己创造便利的。能够为家门口的盛会奉献自己的力量，是我梦寐以求的事。"

闭环内的青年学生志愿者，都经过严格选拔。"冬奥志愿者面试难度真和找工作一样，要经过严格面试，对英文水平也有很高要求。"在"冰立方"负责媒体运行服务的志愿者、中国传媒大学新闻专业研究生肖孟乔说。

为了这份荣耀，不少志愿者争相报名，并努力平衡工作与学业，在完成每日八小时高强度工作后，还利用碎片时间争分夺秒地学习。

"冰立方"外的交通引导志愿者王祖钐是北京大学大二学生，每天早晨 6 点便要起床，在寒风中开始一天的工作。风大时，连他用于防疫的面屏都会被吹走。即便辛苦，他仍坚持每天背 50 个英语单词，与外国运动员的交流也越来越顺畅，还会在明信片上写下英文祝语送给外国友人。

肖孟乔更是利用乘车时间读完了数百页专著，为毕业论文打下坚实基础；虽然并非语言服务志愿者，但她看到背着大包小包的外国记者时，总忍不住上前帮忙，笔记本上还因此积累了许多新词汇。

"学霸"特质也被带入工作中，志愿者们常常将看似枯燥琐碎的工作做出新意。

除了提供高质量语言翻译服务外，志愿者的用心还体现在自主制作班车运行时刻表二维码、手绘场馆地图、主动为媒体记者提供赛事最新消息等方方面面。

为了让外国记者感受到友好和温暖，肖孟乔和同学们手动组装了一块白板，不仅提供赛程、场馆无线网络等信息，还画了鞭炮、小年人等具有春节元素的插画，外语学院的同学们还用各国语言写着"你好"。

"效果很令人惊喜，好多外国记者来拍照发社交媒体，还让我们教他们用

2022 年 2 月 20 日晚，北京第二十四届冬季奥林匹克运动会闭幕式在国家
体育场举行。图为向志愿者致谢环节。

新华社记者 鞠焕宗 摄

中文打出'新年快乐'。"肖孟乔说。

自制的灯笼、供留言的毛笔"福"字、把冰壶图案融入"福"字并赠送给国内外友人的创意设计……"我觉得我们像奥林匹斯山上的雅典娜，兼具智慧与力量。"肖孟乔如是评价志愿者工作。比如，冰壶开赛首日，场馆来了一百多名记者，他们虽有些慌乱，但经过通力合作，十多分钟便设计出制度化登记表。

"没有人'划水'，大家都希望帮对方减轻负担。"肖孟乔说。这次经历，让她找到了自己真正热爱的事业——公益志愿服务。

虽然春节和元宵节都无法与家人团聚，但令人意外的是，所有志愿者都觉得闭环内的节日更有意义。"一想到冬奥会开幕了，内心反而充满了激动。"陈薇伊说。

即将开学，不少志愿者将边上网课，边继续服务冬残奥会，王祖钤便是其中之一。"我从高三就立志当一名冬奥志愿者，考上北大后连续报了三次名，如今终于实现心愿。好的人生比好的年华更重要，能为中国创造历史做出自己的贡献，我觉得意义非凡。"

（新华社北京 2022 年 2 月 21 日电
新华社记者马思嘉、梁金雄、张悦姗、谭畅）

争分夺秒，
守护生命
——中国滑雪医生

2021 年 3 月 14 日，国家高山滑雪中心医疗队医生在崇礼训练。

新华社记者 张晨霖 摄

"在救援的路上每快一点，运动员受伤后的痛苦和危险就会减少一分。"北京冬奥会国家高山滑雪中心场馆副医疗官袁强说。

高山滑雪是冬奥会上危险性较高的项目之一，主赛道全长约 3 千米，落差约 900 米，顶级运动员的滑行速度能达到每小时 140 千米以上。袁强告诉记者，这项比赛的受伤率接近 15%。

"当运动员受伤后，黄金救援时间是 4 分钟。经过裁判长发出'运动员停止出发'到'关闭赛道'的指令后，留给救援人员的时间也就 1 分钟左右。"袁强说，"对于滑雪医生来说，在雪道上争分夺秒抢救伤员，其紧张程度并不逊于运动员争夺金牌。"

2018 年，中国第一支滑雪医生团队成立，其中的高山滑雪医生队伍由来自北京多家三级医院的专业医护人员组成，袁强就是其中之一。

袁强是北京积水潭医院脊柱外科主任医师，医术精湛，平时热爱运动。为了成为一名合格的滑雪医生，他和同伴接受了严格的滑雪训练。"第一次上雪，4 千米的雪道我滑了两个小时，四次撞到边网。"他回忆说，"那时候我才意识到，滑雪医生并不好当。"

为了尽快提升滑雪技术，袁强抓紧时间练习，甚至在晚上下班后也要去雪场滑上几圈，每一次他都把自己滑雪的影像用视频记录下来，发给当滑雪教练的朋友看，然后在他的指导下一点点修改完善动作。

三年多时间里，袁强参加了多次滑雪集训，受伤的情况不时发生，最严重的一次右膝内侧副韧带损伤让他停止训练了 4 个月，但戴着支具仍然坚持工作，同时兼顾医疗工作和与国际雪联考察的对接工作。手机里的滑雪软件记录下，这些年他共滑行了 4000 多公里，训练时间接近 200 天。

功夫不负有心人，袁强的滑雪技术不断提升。如今，他已拿到国际认证的滑雪教练资格证，即使在难度最高的"冰状雪"赛道上，他也能如履平地，滑得游刃有余。"刚参加这个项目时我还是滑雪零基础的'小白'，现在许多身边的同事都喊我'滑雪大神'了。"他笑着说。

几天前，包括袁强在内的 38 名滑雪医生和医疗官正式进入北京冬奥会国家高山滑雪中心场馆。此次赛事共设置十多个赛道医疗点，其中竞速项目 11 个，竞技项目 6 个，虽然比赛还未开始，但医疗队员们却已投入到紧张的工作中，除了在医疗点巡逻值守外，他们还要负责对受伤工作人员的救治。

62 岁的荣绍远是国家高山滑雪中心医疗保障团队中年龄最大的滑雪医生，和所有队员一样，在每日巡逻工作外，他还要进行 6 个小时左右的滑雪训练。

"在医疗救援现场，时间就是生命。"荣绍远说，"所以我从来不会因为年纪大就降低对自己的训练要求，既然要做就一定要做到最好。"

在滑雪医生的医疗背包里放着氧气筒、纱布、止血绷带等几十件装备。荣绍远介绍说，他和队友每天都要背着这样一个十多公斤重的大包进行训练，同时为了行动方便，他们滑雪一般都不用手杖，这些都增加了滑行的难度。

"除了滑雪外，雪上穿脱板、雪上行走、院前急救等都是滑雪医生必备的技能，也是我们每天练习的内容。"荣绍远说，"我们对每一项技术都精益求精。"

"北京冬奥会将是中国高山滑雪医生第一次全面亮相，但我们的标准和要求一定是最高的。"北京冬奥会国家高山滑雪中心场馆医疗官梁学亚说，"未来将会有更多国际大型冰雪赛事在中国举行，我们要让'中国标准'达到国际水平、引领国际水平。"

（新华社北京 2022 年 1 月 30 日电
新华社记者马邦杰、刘扬涛，参与记者：卢羡婷、王沁鸥、夏子麟）

EPILOGUE

后记

Les 24es J
The 24th

冬季

ver de Beijing
es of Beijing

届
运动会

2022 年 2 月 4 日，北京 2022 年冬奥会开
幕式上的焰火表演。

新华社记者 陈建力 摄

"两个奥运"
精彩答卷彰显
中国贡献

2022 年春天，古老的长城见证了属于中华民族、属于世界的又一段传奇。

北京携手张家口向世界奉献了北京冬奥会、北京冬残奥会这两场值得被历史铭记的体育盛会。

举办北京冬奥会、冬残奥会，是以习近平同志为核心的党中央统揽中华民族伟大复兴战略全局和世界百年未有之大变局，着眼实现"两个一百年"奋斗目标作出的重大决策，是在我国重要历史节点举办的重大标志性活动。

连接过去，影响未来，通过北京冬奥会、冬残奥会的成功举办，中国交出了一份精彩的奥林匹克答卷，创造了一个为世人所称道的办赛奇迹。

"两个奥运、同样精彩"，两段记忆同样难忘。

办赛答卷：文明互鉴的中国印记

2022 年 2 月 4 日，立春，北京冬奥会开幕！一簇"迎客松"焰火在国家体育场"鸟巢"上方绽放，91 朵写着参赛代表团名字的"小雪花"汇聚成一朵"大雪花"，化身北京冬奥会主火炬台。奥林匹克文化交融中国文化的北京冬奥盛会，就此揭幕。

习近平总书记曾强调，办好北京冬奥会、冬残奥会是党和国家的一件大事，是我们对国际社会的庄严承诺，做好北京冬奥会、冬残奥会筹办工作使命光荣、意义重大。要坚定信心、奋发有为、精益求精、战胜困难，认真贯彻新发展理念，把绿色办奥、共享办奥、开放办奥、廉洁办奥贯穿筹办工作全过程，全力做好各项筹办工作，努力为世界奉献一届精彩、非凡、卓越的奥运盛会。

两届赛事的成功举办，忠实践行了中国之诺。在北京冬奥会、冬残奥会的舞台上，全世界的运动员切磋、交流、互动，不同的文化在此交融，不同的文明在此碰撞。在这样的交融和碰撞中，全世界看到了一个多彩、可爱的中国。

从 2008 年到 2022 年，北京成为世界上首座成功举办过夏奥会和冬奥会的"双奥之城"。两届奥运，两次飞跃，本次冬奥会，北京共使用了 14 个 2008 年奥运会遗产。国际奥委会品牌和可持续发展总监玛丽·萨鲁瓦认为，这种场馆利用模式，汇集了往届奥运会在可持续方面的优点，新建场馆也从一开始就充分考虑赛后利用需求，这种办赛理念为未来的奥运会提供了借鉴。北京从而成为第一届从申办、筹办、举办全过程践行《奥林匹克 2020 议程》的奥运会，也是积极落实联合国可持续发展目标的奥运会。

2022 年 3 月 19 日，游客在首钢滑雪大跳台区域参观游览。北京市石景山区首钢园北区面向游客开放，其中包括作为北京 2022 年冬奥会比赛场馆的首钢滑雪大跳台部分区域，吸引了不少市民游客近距离参观打卡。

新华社记者 鞠焕宗 摄

冬奥会和冬残奥会，两者同步筹办、一岗双责，按照残奥会要求，北京冬奥会和冬残奥会组委会将冬残奥会特点和需求充分纳入赛事各项运行和服务中。住宿方面，各冬奥村建设无障碍设施，为残奥运动员及随队官员提供优质服务，18 家签约饭店新改造无障碍房间 109 间。医疗方面，确定 41 家定点医疗卫生机构，开展针对残疾人的特殊医疗救助服务培训，在相关场馆提供轮椅、假肢维修服务和导盲犬服务。交通方面，投入 1898 辆车辆服务冬残奥会，其中包括 280 辆无障碍车辆。安保方面，制定人性化安检规范，为残疾人接受安检提供便利。志愿服务方面，共有 9000 余名志愿者服务冬残奥会，其中有 12 名残疾人志愿者。

在冬奥会取得圆满成功后，冬残奥会的顺利运行，让中国可信、可爱、可敬的形象更加鲜明。为打造无障碍环境，北京冬残奥会对三个赛区的基础设施做出数十万处提升；全国村（社区）综合服务设施中有 81% 的出入口、56% 的服务柜台、38% 的厕所进行了无障碍建设和改造，中国 8500 万残疾人的生活将从中受益。

国际残奥委会新闻发言人克雷格·斯彭斯表示，代表团团长们对赛事的流畅运行和组委会对运动员的关怀十分赞赏。国际残奥委会无障碍专家伊莱亚娜·罗德里格说："让残疾人更加主动地融入社会，北京无疑给下一届冬残奥会的东道主设立了标杆。"

奥林匹克的中国方案，贯穿在申办、筹办、举办的全过程，继承传统，发扬特色，"中国力量"与世界融通，开启了奥林匹克运动的新纪元。

一批奥运场馆闪亮登场："鸟巢"完成改造升级成为"最智慧的馆"；"水立方"实现"水冰转换"变身"冰立方"；"冰丝带"除了打造"最快的冰"，还将成为市民百姓的"冰上乐园"。

一批科技成果集中亮相：在三个赛区及周边地区，冬奥气象综合监测网络实现"百米级""分钟级"精细化气象预报；全流程智能化的数字人手语生成服务，方便听障人士收看赛事报道；8K画面结合5.1声道环绕立体声，让"云"观赛的观众获得沉浸感更强的感官体验。

北京、张家口城市建设注入新活力，京津冀协同发展等宏观战略也取得了全面进展。

北京理工大学马克思主义学院教授杨才林表示，中国圆满践行了"冰雪之约"，为世界倾情奉献了冬奥"中国方案"，充分彰显了中国共产党执政的强大领导力和中国特色社会主义集中力量办大事的制度优势。

竞赛答卷：谱写"更团结"的精彩华章

2022年3月4日，北京冬残奥会开幕式，视障运动员李端摸索了一分钟后，终于在全场观众的加油声中将主火炬稳稳插入了卡槽，国家体育场"鸟巢"中的"大雪花"再次被点亮。

这令人动容的一幕，将奥林匹克精神体现得淋漓尽致：火炬手只要心中有光，即便看不到光明，也不会放弃对光明的探索。正如人类即便要面对各种挑战，但也从未停止过对"更快、更高、更强——更团结"的追求。主火炬的火焰虽然微弱，但由"小雪花"组成的"大雪花"却在北京的夜空中晶莹闪亮，每一个参赛代表团的名字紧紧聚拢，描绘着"更团结"的人类未来。

这一刻，两个奥运被同一朵雪花照亮，两个赛场的运动员也被同一种精神所激励。

北京冬奥会上，共有 29 个国家和地区获得奖牌，2 项世界纪录、17 项奥运会纪录先后被打破；北京冬残奥会上，运动员们同样屡屡拿出亮眼的佳绩。冬奥会上"最快的冰"吸引世界目光，而冬残奥会上的中国运动员的优异成绩则令网友惊呼"跟不上"。

而在成绩与纪录之外，两届盛会也为人类的精神世界留下宝贵的共同财富。

"没有路又怎样？创造一条路就好了！"这是北京冬奥会中国花样滑冰双人滑组合隋文静 / 韩聪在夺金后的感慨。历经年轻时的不被看好、状态正盛时的接连伤病，两人坚持牵手十五载，终于在北京的冰面上圆梦摘金。赛后，隋文静坦言，两人曾一度感到"已经没有路了"。但北京冬奥会的赛场，他们挑战超高难度的"捻转四周"成功，突破极限，涅槃重生。

而在残奥赛场，超越自我、自强不息的故事每天都在书写着。3 月 7 日，47 岁的法国选手塞茜尔·埃尔南德斯获得北京冬残奥会单板滑雪女子障碍追逐 LL2 级比赛金牌，这也是这名老将人生中的第一块残奥金牌。二十年前，埃尔南德斯因为多发性硬化症而永远失去了走路的能力，但她没有向命运低头，最终成了自己命运的主人。

类似的故事每天都在冬奥会和冬残奥会的舞台上上演："四朝老将"徐梦桃、齐广璞守得云开见月明；49 岁的克劳迪娅·佩希施泰因创造女子选手参加冬奥会的最大年龄纪录；谷爱凌为挑战自我而选择从未成功过的新动作；比利时姑娘吉洛特则为视障运动员母亲充当领滑员，陪着变老的母亲实现人生价值；摔倒，站起，再摔倒，再站起，39 岁的伊朗女子单板滑雪残疾人运动员塞迪盖·鲁兹贝对梦想的追求坚定而倔强……

2022 年 3 月 7 日，法国选手塞茜尔·埃尔南德斯在北京 2022 年冬残奥
会残奥单板滑雪女子障碍追逐赛后庆祝。

新华社记者 万象 摄

"成绩不仅仅在于能否拿到或拿到多少块奖牌，更在于体现奥林匹克精神，自强不息、战胜自我、超越自我。"在索契冬奥会上，习近平主席一番话引起广泛共鸣。北京两个盛会的成功举办，为各参赛运动员践行奥林匹克精神提供了卓越的舞台，也为饱受疫情等不稳定因素困扰的当今世界打入了一剂"暖心针"。

"我迫不及待想再回去，走走看看。"离开北京后，18岁的美国单板滑雪运动员特莎·莫德已经开始想念中国。北京冬奥会开幕式后，莫德在社交媒体上激动地回忆起开幕当晚志愿者对自己大喊"欢迎来到中国"的那一刻，忍不住热泪盈眶。她和志愿者小哥随后在网络上建立起了隔空的友谊，令"围观"的多国网友感叹："这才是奥林匹克！"

什么是奥林匹克？"更团结"才是奥林匹克。北京冬奥会是奥林匹克格言加入"更团结"之后的首届冬奥会，"一起向未来"的口号指引着来自五洲四海的冰雪运动员闪耀出团结互助的人性光辉，胸怀着携手同行的共同理想。

在北京冬奥会自由式滑雪女子大跳台决赛后，夺冠的谷爱凌和获得季军的玛蒂尔德·格雷莫德第一时间一同安慰落泪的亚军苔丝·勒德；当苏翊鸣在单板滑雪男子坡面障碍技巧决赛中遇到判罚争议时，其教练理解评分的难度，并恳请大家终止对裁判的批评；当北京冬奥会冰壶项目混双循环赛中美比赛

2022年2月8日，在北京2022年冬奥会自由式滑雪女子大跳台决赛后，中国选手谷爱凌（右）和瑞士选手玛蒂尔德·格雷莫德（中）安慰法国选手苔丝·勒德。

新华社记者　武巍　摄

结束后，中美选手互送礼物作为纪念……

不分国家和种族，超越比分和胜负，这是对"世界大同、天下一家"最生动的诠释，也是北京为世界带来的一份礼物。"这么长时间以来，整个世界都处在疫情的阴霾下，幸好我们还有奥运会，这是一件了不起的事情。"35岁的美国单板滑雪名将肖恩·怀特说，"我很感谢中国，感谢奥林匹克大家庭，在如此艰难的时刻还能举办冬奥会。"

这是世界人民的成功。北京冬奥会后，国家主席习近平复信国际奥委会主席巴赫时强调：世界各地奥运健儿齐聚五环旗下，相互尊重、彼此激励、突破极限、超越自我，完美演绎了"更快、更高、更强——更团结"的奥林匹克新格言，为世界人民带来了温暖和希望，为世界播撒了和平与友谊的种子，激发了人类增进团结、共克时艰、一起向未来的强大力量。

安全答卷：守护理想，守护明天

"中国办冬奥，言必信、行必果。"尽管面临新冠肺炎疫情的考验，中国依然向世界呈现了安全的冬奥会、冬残奥会。

"很安全，很安心！"谈到防疫感受，海外运动员常脱口而出。行走在闭环里，口罩遮不住一双双含笑的眼，"非常满意"成了双奥高频词。

积力之所举，则无不胜也；众智之所为，则无不成也。

从覆盖三个赛区的100多个医疗点，到赛场内外18000多名志愿者；从不分昼夜在场馆维护秩序的安保人员，到奋战在赛场一线的工作团队……让巴赫盛赞的奇迹是中国抗疫成功经验的缩影，更是中国精神、中国力量的集中展现。

严格执行《防疫手册》，采取闭环管理政策，闭环内外独立运行，不仅筑牢了疫情防控之墙，更保障了"两个奥运"和社会面安全平稳运行。

在科学严密的防疫政策指导下，两地三赛区实行全流程、全封闭、点对点的防控体系，创造出安全的参赛、工作和生活环境。

闭环内，奥运村、场馆入口、运动员通道、电梯间、媒体工作间、餐厅，随处是感应式消毒装置，一伸手，瞬间完成手部消毒。无感式大通量体温测量设备能监测每个人体温，"您的体温正常"，播报语音令人安心。酒店、媒体中心、比赛场馆都有便捷的核酸检测点，涉奥人员就近即可完成每日一次的核酸检测。

搭建一个安全港湾，最大程度减少疫情对比赛干扰，成为选手共识。"冬奥村里执行严格消毒，大家都戴好口罩，这能让我们把精力都集中到比赛上，赛出精彩。"女子自由式滑雪雪上技巧冠军、澳大利亚选手杰卡拉·安东尼说。

冬奥会后年满50岁的德国速滑老将佩希施泰因非常感谢北京冬奥会成就了自己，让她成为史上首位参加过八届冬奥会的女运动员："采取严格防疫，才能确保大家健康安全，顺利参赛。"

"每天都做核酸，你去吃个早饭就顺便做了，不到10秒就完事，这一切都让人放心。"马耳他运动员珍妮丝·斯皮泰里评价。

智能测温、快速核酸检测、随处可见消毒设备……美国自由式滑雪运动员达丽安·史蒂文斯不禁感叹："这是一场安全的奥运盛会"，中国出色的防疫水平体现出凝聚各方智慧的能力。

此言不虚，精细化防疫不仅体现了这种智慧，更凸显出浓浓的人文关怀。

在冬残奥会期间，原有的手部消毒机旁，都新增了给残疾人专用的低位手消机。"场馆内防疫设施非常好，给残疾人运动员提供了方便。我们在这可以专注于比赛本身，不被疫情干扰。"中国轮椅冰壶队队长王海涛说。

针对残奥运动员的特点，北京冬奥会和冬残奥会组委会制定了更细的措施：脊髓功能异常的残疾人，会出现体温调节功能的异常与轻微发烧，只要经过专业判断，运动员就可以正常参赛；有的残疾人不能佩戴口罩，他们可以戴防护面屏；有的残疾人需要用唇语交流，他们可以短暂地摘下口罩……

如果在闭环内生病了、受伤了怎么办？有办法。涉冬奥伤病员被分为了五类：新冠肺炎确诊与疑似患者、闭环内发热症状患者、闭环内其他伤病员、闭环外发热症状患者、闭环外其他伤病员。2100余名医疗骨干高效服务、18家定点医院精准收治，避免了不同风险伤病员流线交叉。

高科技手段也在悄悄助力闭环防疫。在张家口赛区，10万台使用自然超粒子技术的空气消毒机，在赛时开展24小时不间断杀菌消毒；数字人民币在闭环内充分应用，省去了纸币及找零的不便，快速高效结算也满足了防疫要求。主媒体中心自2021年10月开始，每日开展空气气溶胶新冠病毒核酸检测，为后来各场馆推广应用积累了经验。

不仅人安全，外来物资也有防疫保障。奥林匹克转播服务公司（OBS）和持权转播商来自境外的250个海运集装箱的转播设备和设施材料，都要经过检测和消毒，才能入场搭建和安装。专业人员会定期对场馆各角落开展环境样本采集和消杀。

"这是整个星球中最安全的地方之一，我们所有人在闭环内都生活得非常安全舒适。"国际奥委会主席巴赫这样评价闭环。

国际残奥委会主席帕森斯同样认为，闭环非常安全，阳性病例数量呈现动态清零已经说明一切。"数据已经证明，这一理念非常正确。"

闭环内没有发生聚集性疫情，闭环外生活如常。这种"双轨并行"机制，同样保障了社会面人群的健康。由于闭环内传播风险控制在了最低水平，有效阻断了疫情向社会面"外溢"，在有观众观赛的情况下，实现了观众"零感染"。

每一条看似水到渠成的举措，都是无数人呕心沥血的成果；每一处看似微小的细节，都是成百上千个方案的"最优解"；每一件令人赞叹的成绩，都是冬去春来间笃志不倦的钻研……为世界奉献一届精彩、非凡、卓越的奥运盛会，大国之诺，一诺千金。

同筑冰雪梦，一起向未来。两个奥运盛会，让中华文明与奥林匹克运动再度携手，奏响了全人类团结、和平、友谊的华美乐章。中国全力克服新冠肺炎疫情影响，兑现对国际社会的庄严承诺，确保"两个奥运、同样精彩"，诠释了天下一家、世界大同的情怀，谱写了构建人类命运共同体的崭新篇章。

国际奥委会主席巴赫说："这是一届真正无与伦比的冬奥会，我们欢迎中国成为冰雪运动大国。奥林匹克精神之所以如此闪耀，得益于中国人民为我们出色地搭建了安全的奥运舞台。"

国际残奥委会主席帕森斯说："作为东道主，中国通过提供最好的平台、最流畅的运行和最体贴的服务，让残奥运动员更好地发挥。而残奥运动员通过在赛场上的表现，激励并改变着整个世界。"

精彩的答卷已经写就，从现实迈向未来，我们有理由抱有更多期待。

冰雪融化，关于冬奥、冬残奥的厚重记忆也将融入一代又一代人的脑海中，历久弥新。

再回首，历史因我们而骄傲！再出发，我们一起向未来！

（新华社北京 2022 年 3 月 13 日电
新华社记者林德韧、王沁鸥、岳冉冉、孔祥鑫，参与记者：罗鑫、夏亮）